劉啟祥畫作

國民黨主席所頒「實踐一等勳章」

駐臺代表沼田幹夫大使代理日本天皇頒授「旭日大綬勳章」

◀ 在陽明山受訓時之國建班二期同學，左一為陳雅鴻、二為吳伯雄、四為李煥主任、右一為高銘輝、右二為陳正雄

與艾森豪基金會歷屆艾森豪獎金得獎人合影

許水德夫妻與陳履安夫妻（右）餐敘

主持中山學術文化基金會頒獎典禮，與王家驥老校長歡晤留影

考試院長時，李總統授勳合影

中華民國總統所頒「景雲一等勳章」

全家參加李總統授勳典禮共享榮耀

李登輝先生榮任副總統時，偕同素華道賀留影

七十四年五月三十一日就任臺北市長時，蔣總統主持市長宣誓監誓時留影

七十一年四月接任高雄市長，謝副總統首次蒞臨高市巡視，駕臨寒舍勉勵，
並承命與全家合影留念

祝賀日本前首相福田赳夫八十八米壽

一〇三年偕素華隨SB會赴日本訪足利市

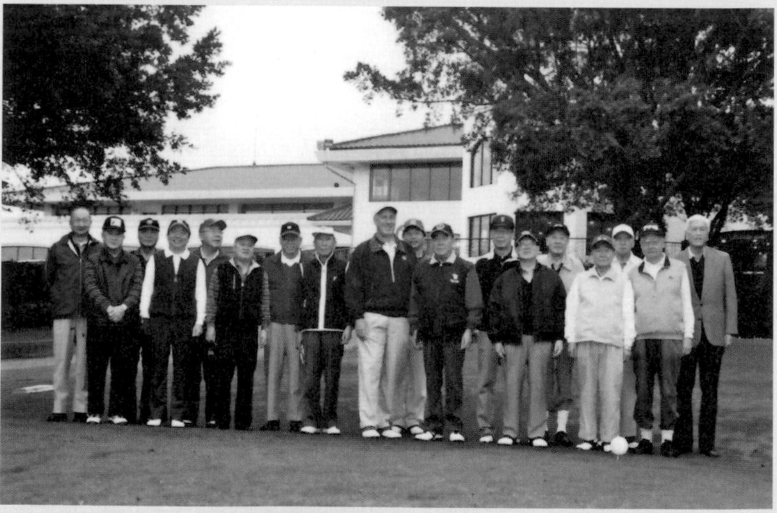

週二隊與包道格處長球敘 二〇〇五.二.八長庚球場

感恩的故事

許水德八十八歲憶往

許水德——口述
魏柔宜——撰文

【親友篇】

「我的父親雖然窮，但是他窮得有骨氣，樂天知命，絲毫沒有自卑感，而且樂於與人為善，所以人際關係非常好。」

父親敦厚仁慈、樂在工作、與人為善的身教，是一貧如洗的許家，所能給兒子最寶貴的傳家之寶。

【師長篇】

許水德敬愛的兩位校長——王家驥和劉真，都是九十幾歲、一百多歲的高壽者，為什麼這些偉大的教育家都如此長壽？

「我想是因為他們寡欲、清淨、無所求的人生哲學吧！」

而這樣的人生哲學，在許水德身上，也產生潛移默化的影響。

【長官篇】

許水德在蔣經國總統任內，擔任公職約二十年；在李登輝總統任內，擔任公職近十年。近距離與兩位總統頻繁接觸後，許水德對於兩人的個性、行事作風，有著鮮明的差異化體驗。

無論是面對善於聆聽的蔣經國，或是善於表達的李登輝，該講的話，許水德都毫不退怯，直言無諱。

推薦序

以感恩的故事啟發、鼓勵青年

前總統 李登輝

今年八月適逢水德八十八歲米壽，很高興為他寫序。他一生在朋友、師長、長官的幫助教導、提攜支持下，順利完成各階段任務。大家都說他是一位政壇上的福將，這固然是他的福氣，主要還是他一生做事為人，都能以「誠」待人，處事為公，以感恩的心，樂觀進取，全力以赴所致。

民國六十五年，我當政務委員時，他是臺灣省政府社會處長，獲選為艾森豪獎學金得主，將赴美考察三個月，學習美國的福利措施前夕，我和內人約他們夫婦在臺北YWCA早餐，除了祝他赴美參觀學習順利，並特別提醒他重視身心障礙福利措施。在他被蔣經國總統派任為高雄市長、臺北市長時，我與他的來往更密切。

記得民國七十六年時，我邀請國際獅子會在臺北辦理世界大會，水德全力協調各界襄助，世界大會共有六十四個國家，三萬多人參加，盛況空前，且沒有發生任何竊盜事件。這讓大家知道，臺北市可以辦理國際活動，成為國際都市。我擔任總統時調他為內政部長，廢除《動員戡亂時期條例》，終止與大陸敵對關係，推動資深中央民意代表退休條例，修訂《選舉罷免法》，成立國安三法等，並經立法院順利通過。

臺灣民主化過程中，為處理街頭示威活動，介紹日本安全室主任危機處理專家佐佐淳行與水德相識，請佐佐先生到警官學校向各縣市警察局長傳授危機處理方法，並成立保安大隊處理街頭運動，得以安然不發生動亂，沒有死傷一人，完成了民主化的寧靜革命。

後來於民國八十年六月，我派他為日本亞東關係協會會長，當時臺日關係低潮，他邀請日本各黨派的領導到臺灣訪問，如日本社會黨黨魁土井多賀子女士等，親中派人士也陸續來臺灣訪問，與我見面，他們從而了解到臺灣之民主及經濟成就。前日本首相福田赳夫與日華懇談會會長藤尾先生也來訪，我與他們在木柵茶園會談兩個半小時，充分改變他們對臺灣的印象。隔年，民國八十一年五月二十日，我就職一周年時，將亞東關係協會改名為臺北駐日經濟文化代表處，在水德努力下，臺日關係日漸改善。

民國八十二年三月，為因應新黨出走，國民黨即將分裂，民進黨聲勢高漲的時刻，我要他回來擔任國民黨祕書長，協助黨務工作，八十二年底縣市長選舉結果，民進黨只得七縣市。黨務我完全授權他處理，他無私心，日夜努力，提名也都能視地方基礎，由提名小組甄選合適人選，所以在省市長選舉、立法委員、縣市議員選舉，也都順利完成。尤其是八十五年的總統副總統選舉，有四組參加，我贏得過半數選票，高票當選。國民黨的聲勢可說是浴火重生，日漸高升。

連戰任行政院長時，我國推動全民健保，當時有的地方不時反對，水德發動立法委員、黨務人員在各鄉鎮辦理演講座談充分溝通，使各方了解立意後，立法院遂通過全民健保法，並於八十四年順利實施。八十五年總統選舉成功後，他經國民大會通過任考試院院長。

我從政務委員至總統，這期間與水德認識並且共事，深深了解他的誠實可靠，無私心，一切以大局為重，無論擔當任何職位都無怨無悔，全力以赴完成任務，可以說是一位模範公僕，甚獲大家讚許。

今適逢八十八米壽之年，他出書敘述一生的感恩故事以啟發青年、鼓勵青年，並希望他們隨時都能以感恩的心面對任何事情；以正面的思考，全力以赴邁向光明的前途。在此我為他寫序。

祝賀共勉。

推薦序

有擔當、值得信賴的好同事與良友

前監察院長 陳履安

我的老友許水德前些日子打電話給我說，今年是他滿八十八歲的「米壽」，將出書記錄他五十年公職生活，並感謝朋友、師長、長官對他的幫助、教導、提拔與支持的過程。

我與水德兄交情超過四十年，他忠厚誠懇，與人和諧相處，無論在什麼職位，都舉重若輕，他毫無私心，自然的政通人和。

我們相識於民國六十四年他擔任臺灣省社會處長時，民國六十五年一起在中國國民黨革命實踐研究院——國民黨儲備人才的搖籃，參加國建班二期，研習三個月，全班二十八人，我被選為學員長，水德兄為副學員長。

一九七八年辜濂松和我推薦他參加艾森豪獎學金EFA赴美訪問社會福利措施，返回之後每月例會都聚會一次之外，並常有共同的休閒活動。

水德兄是一個有擔當、值得信賴的人，是好同事也是良友：

一、水德兄從來不為自己爭取職位，他為人通情達理，處事低調公平，默默中做到政通人和。

二、我國退出聯合國時，中國國民黨成立六個革新小組，水德兄與谷正綱、邱創煥為社會革新小組召集人，力主制定社會福利三法：老人福利法、殘障福利法、社會救助法。我參與黃少谷先生的政治外交組，我們共同體驗到在國家面臨重大危機時的因應之道。

三、水德兄於民國六十八年二月任社工會主任，七月一日高雄市政府改制，他被降調高雄市政府祕書長，七十年發布楊金欉任市長時，很多人為水德兄抱屈，我和鄭心雄前往高雄問候，水德兄心境平和坦然，並未有絲毫抱怨。

民國八十一年我離開國防部時，曾推薦水德兄接任國防部長，惜未被接受。當時新黨成立，民進黨興盛，水德兄被調擔任國民黨祕書長，大家認為他是「跳火坑」，他順利完成省市長、立法委員、省議員和總統直選等任務。

水德兄於八十五年九月任考試院院長，六年屆滿退休後從事公益，過著自然寧靜的生活。欣見他的新書即將付梓，並樂為之序。

推薦序

緣尋機妙．多逢聖因

歷史學家，廣播、電視政論主持人、政治評論者　胡忠信

「許水德感恩的一生」的人生哲學。

「年輕人懂得規則，老年人懂得例外。」這是半年前我的生日清晨，一位好友傳來的手機簡訊。我立回：「我是年輕人，但已知道例外。」前述經典名言語出美國首席大法官奧利佛．霍姆斯，在我認為：「年齡只是一個號碼而已。」

立法院前院長王金平先生決定參選總統與否，有一次問我：「年齡是不是

問題？」我回：「不是問題！」他問：「為什麼？」我回：「年齡只是一個號碼而已，進了賭場，每個號碼都會贏。」王院長從西裝上衣口袋拿出小冊子準備留言：「這是誰的名言？」我回：「不必記啦，我認識一個美國西語裔職業賭徒，他告訴我的。」王院長聽了哈哈大笑，把紙筆收起來，表情應該是決定要參選總統吧。

資深媒體人鄭佩芬姊與我成為政論節目「同窗」，有一天告訴我：「你在美國待了十多年，對一九八〇、九〇年代的臺灣政局了解有限，我介紹許水德、趙守博跟你認識。」由於這段「緣尋機妙」，我與考試院長許水德先生進行了四個月訪談，也就是「許院長的十六堂課」，二〇〇二年七月出版了《轉動生命的水車—許水德．胡忠信對談錄》一書。從此以後，許水德、趙守博、鄭佩芬與我成為「飯局四人幫」，我也經常邀請他們上我主持的廣播、電視政論節目。大家坦誠交換政事，月旦人物，但都嚴守祕密，不輕易對外爆料。

幾個月前，在「四人幫」餐敘場合，我告訴許院長：「我父親過完米壽後心臟自然停止而前往天國。我在查看遺書時，他特別交代做為長子的我，在紀念禮拜上九十度向與會者鞠躬，向大家致歉曾經處理人事而得罪大家，請大家務必原諒。父親尤其交代，要向所有人表達感恩之心。」我又說：「天主教單國璽樞機主教在主持最後一次彌撒後宣布退休，並在台上當眾向大家下跪致歉，表達感恩之心。」我父親胡茂生牧師是臺灣基督長老教會總會議長，單國璽主教是地位崇隆的樞機（紅衣）主教，他們都是以「感恩之心」做為人生最好的「花道」。

許院長聽完我的論述以後，僅僅兩、三個月時間，就完成《感恩的故事——許水德八十八歲憶往》，並將紙稿寄一份予我。他說：「這本書就只找了李登輝總統，陳履安院長，以及你寫序。」我拜讀（恭敬拜而讀之）以後，真是佩服魏柔宜小姐優雅而簡鍊的文筆，「我手寫我口」，許院長的娓娓道來，人格典範完全躍然紙上；既有年輕人的幹勁毅力，又有老年人的生活智慧。大家常說：「貴人相助。」許院長是以願景、目標、價值、信仰先「助人」，自然才有「貴人相助」。

「不論人是非，只看花開落」；「性格決定命運」；有許院長的實力、人際關係及領導力，加上他特殊的才學識：「素樸之心，以誠待人，處世為公。」當然「無災無病到三公」，造就了魅力十足的許水德傳奇。我恭逢其盛，想起日本陽明學大師安岡正篤勉勵後輩要「多逢聖因」，多跟有聖賢氣質的人相交。許水德院長在臺灣政界正是塑造了特殊類型的人格典範。

「人生七十才開始。」這是總統府前祕書長張岳軍先生的經典名言。趙守博先生七十歲生日當天，對我說：「人生七十又開始。」我拜讀許院長「感恩的一生」，不禁思考：「人生七十才開始，六十還是小弟弟，五十還在搖籃裡。八十滿滿是（以下用台語唸），九十不稀奇。你若保持感恩之心，保證你呷百二！」日本幕末大儒伊藤仁齋自許：「老年漸入佳境。」許院長的「人生最重要一堂課」，正是告訴我們耶穌的教訓：「凡事感恩！」

我們給下一代最好的禮物就是書本及智慧。「感恩的心」，正是許水德院長留給年輕人最好的八八米壽最珍貴的禮物。

自序
感恩的一生

轉瞬間人生已過了八十八年，今年已是一般人所稱的「米壽」。

回想將近五十年的公職，由於在政府「教育機會均等」及「考試資格公平」兩大政策之下，我雖然出身貧窮，但仍能夠一路從小學、初中、高中，然後以公費進入師範學院就讀，甚至考上公費留學。

學成後，一步步通過普考、高考、職位分類十一職等考試，由委任官到簡任、特任，服務於公職。從基層的教育局主任督學，到臺北、高雄兩市市長、考試院長，以及本省籍出身的首任駐日代表、國民黨祕書長。

服務公職期間，屢次有機會在關鍵時刻擔任關鍵工作，處理關鍵事務，參與國家重大政策和建設的過程，實屬難得的際遇。

回顧我的公職生涯，有幾個具時代意義的重點：首先，當我公費留學日本時，我國擬實施劃時代的九年國教。我受邀擔任屏東縣政府教育局長，因此放棄公費留學自日本返國，執行九年國教的推動；其次，我在中華民國開始重視社會福利之際，擔任臺灣省政府社會處長；在高雄市改制為直轄市後擔任市長，致力於一洗高雄市文化沙漠的污名；在臺北市長任內設立捷運局推動捷運，以及分三期規劃焚化爐，並興建第一座內湖焚化爐；在內政部長任內處理街頭運動及推動民主化；擔任國民黨祕書長時，政府開放辦理省市長、立法委員、總統直接選舉，均能順利完成任務。

這一路受朋友、同事的幫助，師長的指導，長官的提攜信任，點點滴滴我都銘感於心，無限感恩。

尤其內人不嫌棄我窮困的背景，勇敢地嫁給我，除了照顧兩個雙胞胎外又兼任教職，始終無怨無悔地陪同我、支持我，使我能夠全力以赴從事公務而沒有後顧之憂，更是我最重要的後盾。

所以在米壽之際，我要把這充滿感恩的人生歷程記錄下來。但願這些屬於我的故事，能讓一般年輕人有所啟發，從中體悟感恩的快樂，努力上進、樂觀進取，獲得信心與毅力，這是我最大的期許。

謝謝魏柔宜小姐耐心聽我口述整理成冊，李前總統登輝先生、陳履安先生、胡忠信先生為本書為序，在此一併致謝。

撰文者序

從現在開始學習感恩

再次受託幫許水德院長寫書，已是十一年後的此時。歲月悠悠忽忽過了十一年，院長已從日人所稱的「喜壽」邁向「米壽」；而我也敲開了哀樂中年的門扉。

這十一個寒暑，院長放慢腳步慢慢過，除了三年前那場令人膽顫心驚，最終化險為夷的大病，其他一切無恙，無風也無波，甚至在淡泊中，品嘗到歲月的甘美、靜好。

而我的這十一個寒暑，雖談不上歷經大風大浪，卻也在起起伏伏、跌跌撞撞中，烙印下苦樂參半的成長印記。

再次溫習院長的故事，並且深入咀嚼，以不同的面貌呈現時，尚未感動到別人，我已深受感動。院長的堅強樂觀，讓我檢視出自己的不勘一擊；院長的積極向上，對照出我的脆弱逃避……

這絕對是一本非常勵志的書。

在這個滿是傷痕的時代，在這個正能量日漸式微的社會，讀一讀許院長如何超越困境、超越自我；如何以心中滿滿的感恩，化為前進的力量與希望。相信，你我一定也能找出心中的那道光，導引自己穩穩地往前走。

感恩的力量，讓我完成了許多劃時代的艱鉅任務。

不要專注在「悲觀的現在」，要能看到「樂觀的未來」。

前言
感恩帶給人正能量

世上幸運的人何其多，幸得貴人相助者也不少。但是，能終生念茲在茲感恩、懷念，並付諸行動回報、反饋的，就算不是僅有許水德先生一人，也是鳳毛麟角，少之又少。

「我這一生得到許多人幫助。從小學起，就不斷受到老師們的關照與愛護、同學朋友們的幫忙與陪伴，以及長官的提拔與支持，同事們的通力合作。這是我一生感恩不盡的事。」許水德先生說。

「受人點水之恩，需當湧泉以報。」這是許水德先生，長此以往身體力行的功課。

當他行有餘力時，不僅對施恩者點點滴滴的恩情，湧泉以報。如今更希望在正面能量愈趨貧乏的現代社會，分享這些人生最美好、最良善的感恩小故事。

「我想把自己感恩的心、感恩的一生，回饋給社會大眾。」

許水德院長，以自己的生命經驗，深刻地感受到，感恩能夠帶給人樂觀、積極、正向的人生觀；從而對前途感到有希望，做起事來有自信，有毅力、耐力，激起人奮發向上。

「感恩的力量，讓我完成了許多劃時代的艱鉅任務。」

因此，他也希望社會大眾，尤其是年輕的一代，因為懂得感恩，而不會在困境、挫敗中怨天尤人，反而能挺身向前看、向上看。

「不要專注在『悲觀的現在』；要能看到『樂觀的未來』。」許水德先生說。

回顧許水德院長八十八年歲月，五十年公職生涯中，雖「得之於人者多」，但是出之於他自己的也不少。

早期在政壇中，常有人稱他為「福將」。他雖欣然接受這樣的說法，但其實心中了然，這份福氣並非全然從天而降，更是他自己的努力所得。

「天助自助者」這句話，在他身上體現得最為透徹。

他以自己早年悟出的「水車哲學」，砥礪自己從一貧如洗、困頓艱辛的起點，一步一步邁向人生勝利組。

「水車哲學」的真諦是：唯有兼顧理想與現實，腳踏實地，不斷努力，事情才能夠圓滿順利進行。而這正是許水德先生一生求學、任事，奉為圭臬的處世哲學。

因為許水德先生的努力與自助，也因為許院長與人為善、為人著想，不爭、不搶、不計較的溫和個性，才能一路走來，盡得老天爺的幫助，以及貴人襄助。

「我在六十歲的還曆壽之年，出版了《水車哲學》一書自勉；七十七歲的喜壽之年，出版了《全力以赴》一書，記述我人生最辛苦、最豐盛的人生階段。

如今在迎接八十八歲米壽之年到來之際，出版這本感恩的故事集，在自得其樂之餘，更希望對社會仍有所貢獻。」許水德先生如是說。

【親友篇】

- 「人窮志不窮」的養成教育
- 一生中最幸福的抉擇
- 以醫院為家一年多
- 名畫家劉啟祥慷慨提供棲身處

「我的父親雖然窮，但是他窮得有骨氣，樂天知命，絲毫沒有自卑感，而且樂於與人為善，所以人際關係非常好。」

父親敦厚仁慈、樂在工作、與人為善的身教，是一貧如洗的許家，所能給兒子最寶貴的傳家之寶。

「人窮志不窮」的養成教育

許水德在民國二十年，誕生於高雄左營一戶以賣麵線維生的人家。家中人口單純，只有祖父母、父母親及他三代五人。

祖父許混，在清朝末年，從福建省同安縣遷居澎湖。到了民國前二年，許混又帶著妻小，從澎湖遷居到高雄左營。

「祖父念過漢書，會寫漢文，還經常幫鄰人解說藥方。但是在日據時代，普通家庭的子弟，根本沒有出頭的機會，所以祖父只能靠製作麵線、賣麵線維生。」

從中國大陸移居來臺的祖父，從未遺忘自己來自何方。二次世界大戰即將結束的西元一九四〇年左右，日本政府極力推行「皇民化運動」，包括把原來的姓名改為日本姓名。

皇民化運動期間，中日人民的差別待遇最為明顯！日本政府對人民的物資配給中，日本人遠多於臺灣人；而且即使同為臺灣人，改了日本姓名的臺灣人，又比沒有改的人多。

「例如，願意改姓日本姓氏的人，能夠天天吃到豆腐；而不願意改姓日本姓氏的人，像我們家，只能拿配給票，排隊領豆腐，而且兩天才能領到兩塊豆腐。」

即使如此，祖父依舊堅持不讓家人改為日本姓名。

「當空襲愈來愈密集時，我們一天到晚躲在防空洞，祖父臉上不但沒有恐懼，反而喜形於色說：『快要可以回歸祖國了！』」

初次聽到「回歸祖國」這句話，許水德感到一頭霧水，不解祖父怎麼會這樣說？

光復後，當中國國民黨的軍隊從左營火車站下車，擠進歡迎隊伍的許水德，看到那些頭戴斗笠、挑著擔子、穿著草鞋或布鞋的軍隊時，感到很不可思議，尤其是他們那奇怪的綁腿。

「這些軍隊看起來，一點也不雄壯威武呀！而且，日本軍人的綁腿，都是小腿肚那裡寬寬的；但是，國軍的綁腿怎麼是一整條小腿一樣粗！」

回家後，他納悶地將在外面看到的奇景，描述給祖父聽，祖父神祕兮兮地告訴他：「別看他們那樣，他們可都是個個身手矯健！他們在綁腿下面綁著鉛塊，所以才會整條小腿一樣粗。打仗的時候，他們就把鉛塊拿掉，到時就可以跳得很高，跑得很快！」

他當時聽得一愣一愣，半信半疑。長大後才體會出，對國軍十分嚮往與敬重的祖父，自然有他的解讀和美化。

童年雖困頓，意志仍堅強

祖父年邁以後，父親許文奎一肩扛起養家活口的重責大任。剛開始仍以賣麵線營生，光復後，才改為賣豆漿、豆花及香腸、糖蔥等。

父親十八歲時，在媒妁之言下娶了長他兩歲的母親。翌年生下許水德。

許水德自從有記憶以來，一家老小就四處遷徙，租屋而居，輾轉搬了五、六個住處。而且因為付不起昂貴的房租，只能租些別人不願或不敢住的房子。因為這樣的房子租金低廉，有的甚至破舊到不必付房租。

在一次空襲後，當他們扶老攜幼從防空洞走向「店仔頂」的破舊住家，卻發現那個原本就殘破不堪的房子，屋頂已經不見了，也找不到一面完整的牆。

破房子沒得住之後，許水德的祖父和父親，於是在左營蓮池潭附近，向地主租地，自行搭建出簡陋的房子。

「這個地方原本是池邊的竹林地，一碰到下雨天就到處積水，泥濘不堪。」

儘管不理想，他們一家還是隨遇而安住到許水德上初中。有一天，地主突然通知他們，要收回那塊地，並且限定他們一個月內遷出。

一家五口只得再度遷徙。這次的住家雖然離市中心較近，但是房子窄小得讓人無法想像。一家人吃飯、睡覺都在同一個空間，而且又破又舊。一碰到下雨，全家人就別想睡覺。因為屋頂四處漏水，他們只好拿臉盆、水桶到處接水。這樣一來，更找不到能夠讓他們躺臥的空間了。

屋外下著嘩啦啦大雨的夜晚，一家人蜷縮地擠在滲著水氣的屋內，聽著從屋頂落下的雨水，「叮叮！咚咚！」打在水桶、臉盆的聲音，徹夜難眠。

許水德的童年雖然拮据困頓、不得溫飽，但是，母親在世的歲月裡，至少還是溫暖溫馨的。因為溫柔嫻靜的母親，全心全意照顧著他，讓他無憂無慮成長。

一直到許水德升上小學高年級，他開始主動幫父親作麵線、作糖蔥，為辛苦的父親分憂解勞。

「下雨天的時候，大家都躲在家裡不出門，我就把和父親一起做好的糖蔥，裝進便當盒裡，然後沿著大街小巷叫賣：『糖蔥喔，賣糖蔥喔！』」

有時候，他還會帶著便當裡的糖蔥，去海軍軍區叫賣，偷偷從圍牆爬進去，賣給日本兵吃。

有一次他在油庫邊賣糖蔥，美軍B29來襲投下炸彈，附近頓時爆炸成一片火海。他雖然倖免於難，卻也嚇得差點魂飛魄散。

在許水德十三歲，剛升上高等科二年級時，母親病倒了，臥病在床卻沒有錢可以醫治，就這樣撒手人寰。

儘管哀痛萬分，但也只能強忍淚水，勇敢面對再也沒有母親噓寒問暖的日子。不僅如此，他還要替代母親，擔負起照顧祖父母的衣食起居。

兩次休學念頭，起因於孝心

母親過世後，許水德的童年也嘎然而止，他從此和父親並肩作戰，為生計奮鬥。

從他考上高雄中學初中部起，每天凌晨一點半，儘管睡意正濃，他還是在強烈的責任感趨使下，甩開瞌睡蟲，開始磨豆子。

磨了兩個小時後，父親會在三點半起床接班。但是許水德為了多陪陪父親，捨不得馬上去補眠，於是父子倆分工合作磨豆子，以及作豆漿、豆花。隨著時間分分秒秒過去，許水德的體力漸漸不濟。父親見兒子疲態漸露，頻頻催促他再去睡一會兒。

睡到五點半，他再度起床，幫忙將豆漿分袋包好，然後一一送到訂戶家裡。送完豆漿再趕搭七點十二分的火車到高雄中學初中部上課。

此外，許水德也曾和父親一起到位於左營的高雄海軍醫院附近，挖取廢棄針筒的玻璃碎片。「也就是撿破爛。但是我們不但不以為苦，還很高興有這份工作能夠賺錢貼補家用。」

這份工作並不是人人都有機會做的。他們父子倆是透過無黨籍省議員李元棧，幫忙向海軍醫院申請，才能夠進去挖取碎玻璃。

父親在他的幫忙下，雖然工作減輕不少，但是收入卻無甚增加。許水德升上初中三年級時，眼見家裡這麼困苦，還要供應他每天搭火車上下學、準備午餐、買參考書、繳學費等費用，覺得很過意不去，於是決定休學。

但是當他把這個想法告訴老師，卻遭到老師強力反對。後來在老師的勸導及同學的鼓勵下，他才勉強打消休學的念頭。

不過，在他升上高雄中學高中二年級時，卻毅然決然休學了。

他實在不忍父親再為了他的學費，四處向人告貸，因此痛下決心休學一年，打算先幫忙父親賺點錢，減輕一家大小的生活重擔。

但是他幾經挫折，都找不到穩定的工作，只好打零工，舉凡搬磚頭、抬石塊、鋪馬路等粗重的工作都做過。

這樣過了大約半年，眼看錢沒有賺到多少，又荒廢了學業，他開始後悔當初決定休學。為了不讓自己繼續一事無成，於是他申請復學，並向已升上二年級的昔日同學，借來教科書、參考書。

「我一直到念完高中，都沒有買過一本書。」這可省下了一筆可觀的書本費用。

其實，許水德兩次想休學，都只是他自己的孝心，父親從不曾要求他中斷學業幫忙家計，甚至還鼓勵他繼續念書。

父親的身教，是最珍貴的傳家之寶

小學畢業的父親，其實成績非常好，也很喜歡念書，只因家貧無法繼續升學，這是他心中的遺憾。因此他希望，課業成績一向優異的兒子，能夠一直念下去，所以無論自己再怎麼辛苦，都希望兒子能夠繼續學業。

「辛苦了一輩子的父親，深知讀書的重要，所以很鼓勵我念書。再加上，我念書的成績很好，初中、高中、大學都考上很好的學校，讓父親很欣慰。」不善言辭的父親，以實際行動，表達他多麼以兒子能夠考上好學校為榮。

初中放榜那一天，許水德沒有時間去看榜單，待在家幫忙父親收拾曬過太陽的麵線。父親將一整束一整束的麵線放進推車，這些麵線是要拿出去賣的，掉落在地上的麵線碎段，才是留著自己吃的。

正當他埋頭撿拾地上的麵線段時，忽然聽到愈來愈近的呼喊聲：「許水德，你考取了，你考取高雄中學了！」許水德無法置信地抬起頭，只見好幾位同學氣喘吁吁向他跑來……

這真是個天大的好消息！尤其，全左營地區只有四個人考上高雄中學初中部呢！

雖然，許家沒有錢像其他考上的家庭辦宴席請客慶祝，但是父親將學校發的，寫有許水德三個字的木製校徽掛在大門上，可見他心中有多麼得意與光采。

門口上的木製校徽，讓父親在鄉里間揚眉吐氣好一陣子！

「我真的很感謝，父親並沒有因為家境窮困，而要我放棄學業。」學校的教育，給了許水德學識、知識，以及功成名就的機會；而父親的身教，奠定他溫潤圓融、感恩惜福的處世態度。

「有一次，家裡沒有錢買米了，眼見父母、妻兒沒飯吃，父親想起有位鄰居曾向他借錢。萬不得已下，只好硬著頭皮走向那位鄰居家，準備向他們要回欠款好買米。」

不料，一走進他們家，卻看到鄰居的三個小孩因為沒飯吃，餓得坐在地上哭，父親看了於心不忍，不僅沒有將欠款要回，反而脫下手上的一只舊錶，讓那位鄰居拿去典當，買米給孩子們吃。

父親的善良寬厚還不僅如此。白天賣豆花、晚上賣香腸的父親，遇到圍繞在攤子旁，露出一臉飢渴相的孩童們，他總是會慷慨地舀一點豆花，或是切一小片香腸，給這些孩子們解解饞、充充飢。

嘗試過各種能夠養家活口工作的父親，對於工作不僅任勞任怨，甚至讓許水德感覺出他樂在工作的心態。

「從我有記憶以來。父親除了自己做麵線、草袋、糖蔥、香腸、豆花去賣，也曾受雇到碾米工廠擔任管理工作，直到工廠收起來。」

無論哪份工作，他無不盡心盡力。尤其販賣吃食時，敬業的他，為了讓食物新鮮美味，總是每天採買食材，現做現賣。

「我的父親雖然窮，但是他窮得有骨氣，樂天知命，絲毫沒有自卑感，而且樂於與人為善，所以人際關係非常好。」

父親敦厚仁慈、樂在工作、與人為善的身教，是一貧如洗的許家，所能給兒子最寶貴的傳家之寶。

一生一世的影響與啟發

在許水德的印象中，父親除了身教，並不曾用打罵的方式管教他。「當我做錯事時，父親頂多要我跪在祖宗牌位前反省。」

溫柔的母親更不曾對他說過一句重話。十三歲就失去母親的許水德，對母親的記憶，不僅是她侍奉公婆、打理三餐、灑掃洗衣的身影，還有他永生難忘的溫柔話語。

當他開始在「公學校」上小學時，母親每天都會將他的服裝儀容打理得整齊又潔淨，還對他說：「衣服舊一點沒關係，乾乾淨淨的就不會讓人家瞧不起。」

於是，許水德每天穿著一身整齊乾淨的衣裳，揹著母親悉心準備的布書包，腰桿挺得直直的上學去。

「我最感謝母親的是，我們家雖然窮困，但她卻盡可能讓我和其他人一樣快快樂樂，不會因為寒傖的服裝儀容而自卑。」

十三歲失恃雖讓他悲痛，但畢竟當時年紀還小，不像父親過世時那般令他痛徹心扉。

在許水德研究所即將畢業前一週，有一天下午，正在宿舍洗澡的他，突然有一股強烈的意念想回家看看父親。梳洗完畢後，他決定連夜搭火車回家。清晨抵達家門時，父親一見到他，訝異地問：「怎麼突然回來了，上次的信中沒說要回來呀？」

他告訴父親，下個星期即將舉行畢業典禮，並詢問父親，希望他畢業後留在臺北工作，還是回高雄工作？父親一如既往讓他自己決定。「看你意見如何？你喜歡就好。」父親說。

父子倆閒話家常時，父親順口提到，最近騎腳踏車時感到頭有點暈……但因父親素來沒有其他病徵，許水德也就沒有多想。

「沒想到，當天晚上，父親就在睡夢中因心臟麻痺過世了！」

父親雖然走得安詳，他也即時回家看了父親最後一面，但想到父親猝然離去，還是忍不住悲從中來。「父親過世時年僅五十歲，而且正當我即將完成學業，可以分擔父親扶養繼子女的辛苦時，他卻毫無預警地離開……。」

守靈時，往日和父親相依為命的艱苦歲月，一點一滴從記憶中翻轉出來。「子欲養而親不待」的哀慟也一點一滴啃噬著他。

十三歲失恃，三十二歲失怙。許水德和父母雖然情深緣淺，但是對他的影響與啟發，卻是一生一世的。

一生中最幸福的抉擇

許水德三十二歲那年，甫自政大教育研究所，獲教育學碩士學位不久，即獲聘擔任陸軍軍官學校講師，以及兼任救國團高雄團委會文教組長，甚至分配到一間兩層樓的連棟教師宿舍。

那是興建在郊區田野中的寬敞宿舍，「我長這麼大，還不曾擁有過自己的房子，這棟兩層樓的『宿舍』，對我的吸引力實在太大了！」

雖然有了這間夢幻般的「豪宅」，卻缺少一位女主人。況且工作、收入也都很不錯，是該定下來了。

偏巧，許水德的一位小學及中學同班的同學薛派欽，提議為他介紹另一半，而且這個對象就是他的小姨子。

當同班同學那麼久，薛派欽非常欣賞許水德的人品及奮發向上的個性，因此大膽將小姨子楊素華介紹給他。

自高雄女師畢業的楊素華，長得溫婉秀麗，吸引許多熱心的親友上門說媒。但是，楊素華看重的學識、學歷，卻罕有人符合，因此蹉跎至二十五歲仍雲英未嫁。

許水德初次在薛派欽家見到這位溫柔賢淑、氣質典雅的名門閨秀，就覺得怦然心動；而楊素華小姐對誠懇實在、學識淵博的他，也頗有好感。

於是兩人開始三個多月的書信往來。「但是我們僅止於通信，沒有私下約出來見面過。」許水德特別強調。

由於臺灣有個習俗，家有喪事必須在一年之內結婚。因此許水德鼓起勇氣，拜訪她的父親楊陀先生。

楊素華出生高雄岡山望族，許水德對於自己的學識、學歷，雖深具信心，但是論及家世，卻相形見絀。

文定之喜留影

所幸飽讀四書五經，喜愛吟詩作詞的書香世家子弟楊陀先生，愛才勝於一切。

許水德初次造訪，楊陀先生就對他來一場口試，除了考論語、四書五經，也與他聊聊人生觀與人生計畫。

許水德不僅對答如流且言之有物，楊陀先生對於忠厚可靠，有責任感，求上進的許水德，愈看愈滿意，當場就允諾了這門婚事。

結婚儷影

與福證人、介紹人及花僮合影

別有趣味的夫妻稱謂

在結婚頭幾年過年，當別的子女包紅包給岳父時，對他疼愛有加的岳父，都會從自己身上拿出一個紅包袋說：「這是水德包給我的！」

「但其實並不是。岳父體恤我收入不多，不僅不收我包給他的紅包，還會自掏腰包幫我作面子。」

來自書香世家的岳父楊陀先生，對教育的重視不在話下，當許水德被提拔擔任屏東縣教育局局長時，滿意又開心的岳父，還搬到屏東與他們住了一段時間。

爾後當許水德擢升高雄市政府教育局局長，楊陀先生更是與有榮焉、欣喜莫名。

許水德對於如此肯定、欣賞他的岳父，不僅敬重有加，甚至填補了對父親的思慕之情。而對於岳父教養出來的新婚妻子，更是滿意得不得了。除了一件事……

當許水德興高采烈、得意洋洋帶新婚妻子，參觀他引以為豪的居住環境——位於陸軍官校的寬敞宿舍時。沒想到，新婚妻子卻覺得太過偏僻、簡陋，不願入住。

許水德雖心中略有微詞，但也領悟到：

「生活的層次不同，要求自然也不同。」

婚後由於許水德身兼數職，每天早出晚歸。深夜十一點多，拖著疲憊的身體回到家時，邊聽收音機邊為他等門的新婚妻子，也已經累得在椅子上睡著了。

「但是她非但沒有怨言，還常常鼓勵我。」

當他考上日本文部省獎學金時，雖然為可以出國進修博士學位雀躍，但一想到妻子既要教書，又要照顧兩個年幼的雙胞胎兒子，不禁愈想愈放心不下。

倒是妻子反過來鼓勵他，不要放棄這個千載難逢的留學機會。甚至叮嚀他不要打工兼差，以免耽誤了學業。

「想起我留學日本一年半的期間，妻子為我所擔待的種種難處，我只有由衷的感激與敬重。」

他們夫妻間雖少有甜言蜜語，卻有一個像是暗號般的特別稱呼。那就是，妻子叫他「水德兄」；而他喚妻子「楊老師」。

這種稱謂雖不是他們彼此專屬的，但是由他們這麼互相叫喚對方時，卻別有一番趣味。

教學認真精進的「楊老師」

「老師」這份工作，是妻子的志趣。而且，高雄女師畢業的她，婚前即在家鄉岡山有一份穩定的教書

五十八年三月在嘉義受獎十大傑出青年，岳父及素華陪同參加

工作。但是，嫁給許水德之後，她鍾愛的教書工作，卻因為丈夫的工作迭有變動，甚至幾次遭逢挑戰，最後不得不提前退休。

先是結婚之後，她隨夫搬到高雄市，由於調校不易，找不到正式老師的缺，只好轉為代課老師。

當代課老師每學期會被調動一次，不停地在這個學校與那個學校間流浪，非常不穩定。

「有一次開學，她準備好教材要去教課，到了學校，他們卻告訴她：『妳已經被調到別的學校了！』」

受到這樣的打擊，楊老師決定參加初中教師檢定考試，若考上就可以固定在一個學校教書。

初中教師檢定考試相當不容易，而那時許水德又正好去日本留學，她只好在邊教書、邊照顧雙胞胎幼兒、邊埋首準備檢定考試中，忙得焦頭爛額。

所幸皇天不負苦心人，楊老師順利通過初中教師檢定考試，正式成為初中老師，安穩固定地在一個學校教書。

由於楊老師教學認真，每年的考績都是甲等。有一年，她任教的那所初中校長，對時任高雄市政府教育局局長的許水德說：

「你的夫人每年的考績都是甲等，我怕別人會說話，能不能偶爾也得個乙等？」

他雖然客氣地表示沒問題，但心裡清楚，這對於盡心盡力教學的妻子並不公平，他不希望自己的職務對妻子造成影響，不管是正面還是負面的。

和妻子商量後，妻子決定參加高中教師檢定，如果當上高中教師，就不在先生的管轄範圍內了。

於是她又發憤圖強，卯足勁兒準備考試。經過一番努力後，她果然很爭氣地考上高中教師檢定。先後在高雄女中及北一女任教。

教了三、五年高中，她取得在大專院校擔任講師的資格，於是更上一層樓，利用四年的暑假，在師大三民主義研究所進修。結業後分別教過臺北女師專、高雄師範學院以及高雄工專。

在高雄工專擔任講師時，先生已升任高雄市長。「當時，許多人拜託我的事不成後，就去拜託楊老師，我當然還是不答應。妻子因為常要面對這些請託者，覺得非常為難，後來索性提前退休。」

對於楊老師不僅一手包辦養育雙胞胎兒子，打理所有家務，更在他職位愈來愈高、工作愈趨繁重之際，也不斷提升自己，許水德一方面感到欽佩，另方面也有些於心不忍。

從小學老師升等初中老師，再升等高中老師、大專院校講師，並非楊老師的初衷與計畫，但卻為了配合丈夫，她甘願不辭勞苦挑戰自己。

夫妻情深，愈陳愈香

對於這樣一位讓他無後顧之憂的賢淑妻子，他除了無盡的感謝、感動外，實在無法回報妻子的付出於萬分之一，甚至還曾經引起妻子小小的抗議。

有一次母親節，他在外參加了一整天的母親節活動，晚上回到家，妻子語帶促狹地說：

「慰問了一天別人的母親，卻忘了慰問自己家裡的母親了！」

雖然說得輕描淡寫，卻讓他牢記至今。「很遺憾沒有好好照顧、陪伴家人。」

又有一次，他陪李登輝總統南下進行競選，隔日（十月二十一日）回到家中，妻子不經意地問他：「昨天是什麼日子呀？」

他不明所以地回答：「十月二十日呀！」（十月二十日是他倆的結婚紀念日。）

妻子哀怨地說：「都已經暗示你了，你還不記得！」

妻子的想法是，即使不需要特別慶祝，但至少要記得。

「這麼小的心願，竟然也讓她失望了。」他心中的歉疚一直延續至今。

楊老師除了想紀念一下這些有特別意義的節日，其他並無所求。她樸實無華，既不喜歡珠光寶氣，更不曾穿金戴玉，連家中的財務也任由另一半主張。

「別人的妻子，幾乎都是家中的財政大臣，楊老師卻讓我管錢。」妻子對他的信任與放心，讓他非常感動。而妻子對雙胞胎兒子的全心全意，更讓他感動。

當年，許水德為了參與籌備九年國民義務教育，忍痛中斷念了一年半的博士學位。返臺前，他特地請妻子來日本住一段時間，過過難得的旅日生活。

「我本來是要她單獨來散散心，慰勞一下帶孩子的辛苦。結果責任感重的她，不放心把孩子留給別人照顧，堅持要帶雙胞胎兒子一起來，她才肯來。」

即使在雙胞胎兒子年紀漸長，不需要她照顧時，她除了隨夫出國參訪外，從不曾與親朋好友出國旅遊。

如此務實樸實、無欲無求的妻子，不禁讓許水德深感，在他一生做過那麼多重要決定，完成那麼多重責大任中，最重要、最正確的決定，就是娶了楊老師！而他們的四口之家，也是他一生最甜蜜、最欣慰的「重責大任」。

「這一路走來，若非妻子在後面當後盾，一個人撐起照顧小孩的責任，讓我無後顧之憂，全力以赴在工作上，我恐怕也不會有今天的成就。」

吳尊賢就曾經當著吳豐山的面說：「男人的輸贏在太太！許水德的成功，不只是他自己好，更重要的是他的太太也很好。有這個好太太，對他的幫助實在很大！」

結婚十週年錫婚紀念合影

將近一甲子的夫妻情，當年來不及談戀愛的水德兄與楊老師，感情卻隨著時光流轉，愈陳愈香。

水德兄年長楊老師七歲。楊老師屬虎，水德兄屬羊，「我和她在一起，等於羊入虎口。」許水德打趣說。

但顯然，這隻在虎口求生的羊兒，可是甘之如飴呀！「可以說，這輩子我最滿意的事就是，娶到楊老師當我的妻子。」

以醫院為家一年多

許水德的高中歲月，整整比別人多出兩年。這當然不是因為被留級，一向勤奮向學的許水德，總是想盡辦法擠出時間念書，並且從小學開始，一路念出全班一、二名的優異成績。

會多讀兩年高中，和貧苦困頓的家境息息相關。高一結業，許水德即因想為父親分擔愈趨沉重的經濟壓力（那時父親已再娶，繼母也陸續產下同父異母弟妹們），因此痛下決心休學。

復學後，卻因身體長期過度勞累、營養不良及睡眠不足，終於累出病來，而且是來勢洶洶的大病，醫治了大半年才漸漸復原，因此只得再度休學。前後兩次休學，一耽擱就是兩年。

高二復學的那場凶險疾病，著實讓父親及師長、同學們捏了一把冷汗。

剛復學不久，在一個即將放學的傍晚時分，學校的課程正進行到最後一堂，許水德突然胸口一陣鬱悶，接著五臟六腑像是在翻滾般，讓他坐立難安，還來不及反應究竟是怎麼回事，突然「咳～咳～咳～」一個不停，接著鮮血一大口一大口吐出。

「幾乎吐滿了一整個臉盆，好恐怖，我以為我要完蛋了！」

高雄中學同學
（前左：黃振池　右：宋朝昇，後左：吳吉雄　右：少年時的我）

身旁的同學，受到的驚嚇不亞於他，他們立即找來學校的護士阿姨陳月裡，護士阿姨不慌不忙，為他進行初步的護理後，見他不再吐血了，便將他暫時安置在學校那間老舊、簡陋的保健室。

時值下班、放學時分，但是護士阿姨陳月裡不放心離開，就連攙扶他到保健室的同班同學薛派欽、吳居宏、張建陽，也不忍離去。他們就這樣徹夜陪許水德到天明，才送到醫院。

備感溫暖的「醫院之家」

「想到護士阿姨陳月裡和同學們的徹夜照顧，真是無限感激！」

由於他沒有錢注射昂貴的金黴素，只好每週打一次「氣胸」（「氣胸」即是用一管空氣針筒，將空氣打入肋骨與肺部之間，好讓肺部縮小，得到休息。）這是一種既帶有風險又異常疼痛（因為沒有打麻醉藥）的治療法。

「主治醫師孫田池非常親切、用心地醫治我，並沒有因為我是貧戶，沒有錢支付醫療費而草率、輕忽。」

院方的護理人員也很疼惜、照顧他，尤其是護理主任蕭不纏。肺病是需要長期住院治療的病，但是醫院無法長期提供他免費住院的優惠，所以在他病情稍為穩定、好轉後，就請他辦理出院。

但是他實在無處可棲身，因為家裡在人口增加後，已無他的容身之處。護理主任蕭不纏非常同情他有家歸不得的處境，並且也覺得他的病還是留在醫院，繼續追蹤治療比較妥當。

因此，蕭主任替他和院方商量，希望能夠讓他在醫院再多住一段時間。幾經討論，院方特別准許他以打工的方式，繼續「留院察看」。而他的病床，從病房遷徙到廚房旁邊的走道。

那時他已經能夠復學，因此他早上上學前，會先打掃好診療室再去上課；晚上從學校回到醫院後，再幫忙整理藥品。

一天三餐的伙食，早餐在醫院裡搭伙；中餐用打工的錢，簡單地買一點餐食裹腹；晚餐則靠護理主任蕭不纏接濟。

蕭不纏主任會給許水德菜錢，讓他放學後去買菜，菜買回來後，他們就在蕭主任的醫院宿舍裡，一起煮來吃。

「我非常感謝蕭主任，她就像母親一樣照顧我。不僅讓我有地方睡，有三餐吃；還有打工賺錢的機會。」

在醫院打工賺來的錢雖然不多，但是一點一滴存下來，卻也能支應復學後的學費，以及他的午餐開銷。

院方也特准他，以幫忙整理病患的針筒及醫藥費用資料，抵除之前住院治療時，所積欠的伙食費。

大多數人視為畏途，敬而遠之的醫院，卻像是他溫暖的家，有母親般的蕭主任關照；有親切的主治醫師孫田池悉心治療與後續追蹤；還有大姊姊般的護士小姐們的鼓勵與作伴。

「有位護士小姐誇我書念得那麼好，希望我教教她一直搞不懂的代數。」

感恩貴人的呵護扶持

唯有一件事，是他的「以院當家」歲月中，小小的陰影。

他擺放單人床的廚房走道，靠近護士的寢室，為了避免造成護士們出入不便，許水德都是等到護士上完中夜班十二點以後，才拿出單人床，鋪好準備睡覺。

清晨五點半，廚房準備早餐的工作就會開始，許水德必須在那個時間以前起床，把床移開，免得妨礙他們的工作。

倒不是晚睡早起，睡眠時間短這件事讓他心頭有陰影，而是夜半狗叫聲。

廚房位在醫院的太平間附近，過了午夜才能躺上床的許水德，迷迷濛濛正要睡著之際，一聲聲拖得又長又淒厲的狗兒嚎叫聲，就開始清楚地鑽進耳朵。

那種狗叫聲，台語俗稱為「吹狗雷」。據說，當狗兒發出吹狗雷的叫聲，通常是因為牠們看到了鬼魅、靈魂之類可怕的東西。想到這裡，許水德儘管疲憊至極，還是會因為恐懼、擔心，豎直了全身汗毛，無法放鬆入眠。

在醫院治療兼養病一年多後，許水德總算康復得差不多，不需要再追蹤治療。當然，也沒有理由繼續留在醫院了。

康復固然是好事，但是隨之而來的仍是無處安身的問題。向來關心學生的導師許成章想方設法，希望能夠幫忙這個品學兼優、但是環境困頓的好學生，解決這個難題。

最後，許成章老師為他介紹了一個管吃管住，每個月還有六十元薪水的家教工作。

至此，許水德那段在醫院治病、養病、打工、借住、搭伙……以醫院為家一年多的歲月，總算完全結束。但是，許水德對曾經一路陪伴他，照顧他的學校護士阿姨、同學，還有醫院的護理主任、主治醫師的感謝，卻不曾結束。

「我一直到大學畢業，都常常回醫院探望蕭主任。」許水德打趣說：「畢竟我們曾經當了那麼久的『飯友』。」

回想這一段從生死邊緣、重回健康之路的經歷，許水德感嘆地說：「不生病不知道健康的重要，也不知道醫護人員的辛苦。我由衷地感恩他們！」

名畫家劉啟祥慷慨提供棲身處

透過許成章老師的介紹，許水德從醫院搬進畫家劉啟祥家。

出生於臺南縣柳營鄉第一世家的劉啟祥，上公學校時，受到美術老師陳庚金的賞識，引發他學習繪畫的興趣。爾後，劉啟祥考入東京文化學院美術部洋畫科。

畢業後與楊三郎同船赴歐洲，畫家顏水龍趕來馬賽港相會。劉啟祥旅歐三年多的時間裡，邊四處觀察歐洲的自然人文景觀，邊在畫室作畫。

自歐洲返臺後，劉啟祥以《倚坐女》入選第九屆臺灣畫展。翌年返回東京，並在日本結婚。

第二次世界大戰後，劉啟祥舉家自日本返回臺南柳營故居。一九四八年遷居高雄，與同好組成「高雄美術研究會」，並全力投注於創作與教學，不遺餘力鼓勵後學，推動臺灣的美術教育、美術風氣。

許水德在一九五三年左右，借住劉啟祥家中時，並不十分了解他在畫壇上竟是如此赫赫有名，只知道他個性溫和、慷慨仁慈。

劉啟祥畫家提供舒適的房間、美味的餐飲讓他安頓身心，而他唯一需要做的，只是擔任他念初中的長子家教。

「那段歲月，是我從出生以來，吃得最豐盛美味、睡得最舒適安穩的一段期間。」

劉啟祥畫家待他如同家人，不但讓他擁有和他的子女一樣的房間、櫥櫃、書桌……三餐也都邀他一起上餐桌。

雖然如此，懂得看人眼色的許水德，總是比劉家大小晚睡，卻比他們早起；而面對滿桌佳餚，許水德也不敢大快朵頤，而是淺嚐即止，吃了七八分飽就不再下箸。

無私畫家用心耕耘南臺灣畫壇

許水德擔任劉啟祥念初二的兒子劉耿一（日後也成為畫家）的家教，每個月有六十元的酬勞。有了這份酬勞，許水德念書的學費也有著落了。

「劉啟祥畫家的慷慨、善良、與世無爭，是我一生少見的。」而他這樣的性格，也展現在畫作中。「他的畫作，有著對周遭人物及環境的濃郁感情。」畫壇人士如此形容他。

劉啟祥的作品，早期以群像及人物畫為主，所畫的人物典雅而端莊。中期作品以風景寫生居多。晚年則是回歸到自然，常以居家隨手可得的題材入畫。

在劉啟祥以風景寫生入畫的創作中期，經常去他在九曲堂購置的一棟房子，那棟房子的院落有座池塘，小橋流水、垂柳搖曳、落英繽紛……將池塘烘托得詩情畫意。

池塘裡優雅閒適游動的魚兒，常成為劉啟祥畫中的模特兒。

「有一次，劉啟祥自九曲堂的雅舍作畫返家，不經意提到被撈得所剩無幾的魚兒時，淡淡地說了句：『現在的人怎麼這麼壞，任意把人家養的魚撈走。』」

語氣聽起來不慍不火，絲毫沒有怪罪的情緒，倒像是在評論別人的事。事後，他果然沒有對那些闖入家門的偷魚賊，提出法律追究。

劉啟祥為了推動美術風氣、教導後學，不僅貢獻出自己的時間、心力，也幾乎散盡家財。

他對於來學畫的年輕人，僅收取象徵性的學費，卻提供所有的畫紙、畫筆、作畫材料等；且為了有更多資金挹注在美術教育、美術風氣，他不惜將五棟房舍，一棟一棟出售求現。

由於劉啟祥出錢出力的辛勤耕耘，南臺灣畫壇逐漸孕育出一塊豐美的水草地。

首度為臺灣在世畫家辦個展

許水德在高中畢業，考取有公費可領、有宿舍可住的師範大學，才結束那一段暫居劉啟祥家中，不愁吃穿的美好歲月。

不過，劉啟祥家依舊為他留下一個房間，好讓他在寒暑假時，可以回去度假。

「我不僅欽佩他的慷慨善良、堅持理想，更感謝他提供住處給我，讓我能夠在不愁吃住的環境下，安安穩穩地念書，考上理想的大學。」

得到劉啟祥畫家這麼多的恩情，許水德銘記在心，並期許自己能有機會回報。

有著顯著藝術家性格的劉啟祥，不僅從不考慮何者對自己有利，何者不利？也不懂得為子女打算。因此，許水德在能力所及的範圍內，主動為劉啟祥的子女介紹、安排教職，甚至為劉啟祥的女兒作媒，嫁給了自己的小舅子。

此外，劉啟祥畫家雖然在日本嶄露頭角，並大獲肯定，但是返臺後從不曾舉辦過個人畫展。

許水德得知後深感，這樣一位了不起的畫家，理應在臺灣風風光光地辦一場畫展。於是他在心中許下心願，日後一定要找機會，幫他辦一場個人畫展。

民國七十一年，許水德擔任高雄市市長時，終於實現心願，為劉啟祥畫家辦了一場別開生面的畫展。這不只是劉啟祥在臺灣的第一次畫展，也是臺灣的在世畫家第一次開畫展。

「那時，還在世的畫家，沒有人敢開畫展，因為怕被批評不夠格。」

當陳奇祿（時任行政院文建會主任委員）得知，許水德打算突破傳統觀念的束縛，為在世畫家劉啟祥辦畫展時，大表讚賞。

甚至對許水德說：「你有勇氣辦，我就補助你經費。」

結果畫展辦得相當成功，廣受各界好評。

日後，許水德調任臺北市長時，又為劉啟祥畫家成功地舉辦了第二次畫展。

劉啟祥畫家的作品身價非凡。他曾為許水德畫了一幅畫像，「如果現在出售，據說有上千萬的行情。」

不過，許水德自是不可能割愛出售的。這一段永難磨滅的恩情，如今唯有透過這幅畫像追念了。

【師長篇】

- 啟蒙老師張炳針，在我心中種下希望
- 鍾老師個別差異的教育，撫慰我心中委屈
- 許成章老師為我找到一個家
- 有王家驥校長，才有許水德
- 劉真校長身體力行「誠正勤樸」
- 名士般的哲學大師田培林教授
- 帶給我溫暖的兩位教授
- 吳兆棠所長引領我踏上從政之路

許水德敬愛的兩位校長——王家驥和劉真，都是九十幾歲、一百多歲的高壽者，為什麼這些偉大的教育家都如此長壽？

「我想是因為他們寡欲、清淨、無所求的人生哲學吧！」

而這樣的人生哲學，在許水德身上，也產生潛移默化的影響。

啟蒙老師張炳針，在我心中種下希望

民國二十七年，七歲的許水德，已到了該上小學的年紀。那時，臺灣仍在日本政府的統治管理下，也就是慣稱的日據時代。

日據時代，兒童受教育的機會並不平等。小學分為「公學校」和「小學校」，「小學校」的校園環境、教學設備以及師資，都比「公學校」好很多。

但是，只有日本小孩可以念小學校，其他人一律都念公學校。「在左營，小學校就是後來的左營國小，公學校就是舊城國小。」

喜歡上學的許水德，每天穿著母親親手縫製，乾淨整潔的服裝；揹著母親一針一線，縫得結實牢靠的布書包，開開心心、昂首赤腳去公學校上學。

剛入學，學校就將學生依「有沒有念過幼稚園」分為不同的兩班。想當然耳，許水德自然是分到「沒有上過幼稚園」那班。

不過，他在這個班級一直保持全班第一名；升上二年級時，他跟其他幾個成績比較好的同學，被併入另一個「念過幼稚園」的班級。

剛進入這個班級，許水德的成績一度下滑，但是不服輸的他，沒多久就趕上進度，甚至超前，最後以第一名的成績自小學畢業。

在小學時期，老師大多數是日本人，他們都很嚴肅，但是教學的態度很嚴謹。其中有位臺籍的張炳針老師，是許水德求學過程中，非常重要的啟蒙老師，也是一位令他永生難忘的好老師。

張炳針老師開啟了許水德旺盛的求知欲，以及不輕言放棄的求學之路。

「小學三、四年級的張炳針導師，為了鼓勵我們念書，看到同學的成績進步，就會自掏腰包買『講談社』出版的漫畫書，送給學生做為獎勵。」

圖文並茂，趣味性、故事性兼具的漫畫書，有哪個孩子不愛？但是，卻幾乎沒有人買得起。張老師卻慷慨地買了好幾本，送給每次考試進步或成績優良的學生，做為獎勵。

漫畫書對於他們這些連吃飯都有一頓、沒一頓的窮人家子弟來說，無疑是一項很大的激勵。為了得到這份獎品，大家開始用功讀書。

鼓勵更能發揮教育成效

張老師的贈書，除了激勵學生們用功讀書，也讓學生與課外書，有了第一次接觸的機會。

對於張炳針老師自掏腰包，買書送學生做為獎勵，進而促成學生們自發性用功讀書這件事，給許水德很大的啟發：「鼓勵對學生真的非常重要！要發揮教育的效果，鼓勵絕對比處罰好。」

成績一向名列前茅的許水德，收到張老師最多本贈書，同時也得到張老師許多的關愛。

要升上四年級那一年暑假，許水德因為攀爬龍眼樹摘龍眼，一不小心從樹上掉下去，摔斷了腿。

雙腿骨折的他，只好待在家養傷，哪裡都去不了。甚至連漫長的暑假過去，學校開學了，他仍然不良於行，無法走那麼遠的路上學。

張炳針老師一發現到，成績優異又乖巧懂事的許水德沒有來上學，馬上決定，放學後要到他的家中探望。他甚至還特地去買了一份禮物，帶著禮物到他的家中拜訪。

看到老師突然出現在自己破舊、簡陋的房子，甚至還帶了一份禮物，許水德一家都覺得愧不敢當。

張炳針老師對許水德說了許多安慰、鼓勵的話，許水德略帶羞澀的心情中，有著更多的感動。

張老師對許水德的關心，不僅帶給他溫暖，更彌補了他不能上學的懊惱及遺憾。

「老師對學生的關愛，對學生的影響很大，並且能帶給學生希望。」

鍾老師個別差異的教育，撫慰我心中委屈

鍾老師那讓人似懂非懂的鄉音愈來愈遠了，甚至轉換成一種，大受瞌睡蟲歡迎的催眠曲。當瞌睡蟲大軍，肆無忌憚在許水德身上又唱又跳，許水德被攻擊得俯首稱臣，頭垂得愈來愈低……間或還點幾個頭。

鍾老師起初以為，難道是在對他充滿鄉音的講課表示贊同？不愧是成績優異又乖巧懂事的愛徒！但是，點頭的頻率和時機也太可疑了……

待鍾老師確定是怎麼一回事後，不動聲色把粉筆一丟！

許水德座位旁的同學被粉筆丟醒後，倉皇坐直身體，許水德此時也大夢初

醒。

擅長察言觀色的他，很快就弄清楚，他和旁邊的同學同時都在打瞌睡，但是老師的粉筆炸彈，卻只攻擊同學，而他倖免於難。

是老師的眼睛不好，沒發現到他也在打瞌睡？還是粉筆不夠，只能丟一個人？當他不小心和老師的眼睛對上時，老師的眼神不但沒有責備，甚至有關心和鼓勵。許水德頓時明白了。

鍾老師前幾天去做家庭訪問時，看到他們祖孫三代擠在那麼破舊、簡陋的屋子，似乎很不忍心。又聽說許水德每天半夜都要起床幫父親磨豆子，做豆花、豆漿時，更是難過得幾乎紅了眼眶。

「我想，老師大概是體恤我半夜要起床磨豆子，每天都睡眠不足，所以不忍心打斷我上課補眠吧！」

的確是如此。老師了解到許水德的辛苦後，許水德就開始享有打瞌睡不會受到粉筆攻擊的禮遇。

「知道老師對我這麼好，我很不想上課時打瞌睡，但是，體力實在是不文。」

不過，就算是因為疲累不堪上課打盹兒，許水德的成績依舊獨占鰲頭，尤其是鍾老師教的國文科。也難怪鍾老師如此疼愛、疼惜他。

再清苦，仍堅持把書讀好

鍾老師對他的疼愛，不僅讓他享有丟粉筆豁免權，甚至還因為親眼見到許水德一家四口（許母已過世）殘破狹小的蝸居，而建議許水德，家裡若實在住不下，可以搬去他的宿舍住。

老師的教職員宿舍雖然陽春，但是環境整潔、設備齊全，再擺張床也不成問題。住在那裡，他不但能夠安安穩穩地睡覺，而且有書桌可以看書、寫作業。

不過這種事想想就好，怎麼好意思如此打擾老師。再說，他還得繼續幫父親磨豆子、照顧祖父母、分擔家務……

許水德平日要做的家務那麼多，學校的課業也不少，他又是如何保持名列前茅的？

平日，他抓緊所有零碎的時間寫作業、複習課本；到了大考前，他只好犧牲原本就已經不足的睡眠時間，徹夜不眠地開夜車準備考試。

為了熬夜，他會泡一杯很濃的茶，睡意襲來時就呷一口。在寒冷的冬季，苦澀、冰冷的茶水一入喉，精神就能夠提振。

一整個晚上，他就是這樣撐下去的。「我曾經有兩天不睡覺，熬夜準備考試。結果因為體力透支，居然在考試的時候睡著了。」

他不僅缺乏時間念書，更缺乏食糧填飽肚子。

由於家中的收入極為有限，米缸常常斷糧，而且也沒有其他食物可果腹。所以，每到午餐時間，沒有便當可帶的他，為了避免聞到同學們的飯菜香刺激他更饑餓，只好一個人躲到樹下看書或閉目養神。

「餓得受不了就吞口水，或喝幾口白開水，饑餓的感覺忍一忍也就過了。」

用心關照學生的家庭和心理狀況

了解這一切的鍾老師，實在不捨得勤奮向學、乖巧懂事的他，生活過得那麼辛苦，於是興起一個念頭——帶許水德回家鄉中國大陸，由自己來照顧、栽培他。

鍾老師甚至登門造訪許家，大膽提出自己的想法，希望許父能同意兒子去大陸好好地念書，日後學業有成再返鄉。

許父內心其實也擔心長此以往，耽誤了兒子的前途，因此沉吟不語。倒是對孫子疼愛有加的祖父，說甚麼也不放心乖孫就這樣被帶到陌生的地方。鍾老師只好打消念頭。

不過，鍾老師看到他們一家人擠在衣食起居都在同一個小小空間，而且幾乎無法遮風避雨的「房子」後，心中對許水德更加不捨，才會慷慨地對他說：「如果家裡實在住不下，就到老師的宿舍一起住吧！」

「鍾老師給我的啟發是，老師對學生家庭的了解很重要，如此才能採取個別差異的作法，這對年輕人的心理影響很大。」

許水德至今想來，如果當時，鍾老師不了解他上課打瞌睡的苦衷，而像對待別的打瞌睡學生一樣，丟粉筆懲罰。那麼，他一定會覺得委屈，甚至開始因為不公平的人生而自暴自棄。

雖然當年終究沒有跟隨鍾老師去大陸，但是，這份恩情永存許水德心中，就像鍾老師從來沒有離開過。

許成章老師為我找到一個家

高中二年級復學後大病一場，不得不再度休學一年的許水德，病癒後仍無法出院回家。

那時，已經續弦的父親，陸續添了三個子女。家中連擺張床，讓他休憩的空間都沒有。

許水德正愁無處可去時，幸好導師許成章伸出援手，幫他介紹一位慷慨善良、樂於助人的畫家朋友劉啟祥。

許成章老師心想，劉啟祥家境優渥，人又慷慨熱心，也許可以讓有家歸不得的許水德，有一處容身之地。

在許成章老師的牽線下，許水德終於順利入住劉啟祥畫家的家中。使得他在考上大學，搬進學校宿舍前，有個安安穩穩的棲身之處。

對於幫他解決居住難題的許成章老師，許水德除了無限感恩，也非常欽佩與欣賞。

「我最佩服許成章老師自學、苦學的精神。」

臺灣光復前，許成章老師從事印章刻印工作。光復以後，由於政府大力推動教育，鼓勵人民向學，因而產生教師荒，需要大量徵選老師。

這給了教學興趣濃厚的許成章，一個轉行當老師的好機會。於是他努力自學漢文，學有所成後，先取得代課老師的資格，之後又努力通過高中教師檢定，正式擔任高中老師。

「他是我們班的導師，教國文科。由於他教學認真且幽默風趣，深受學生們愛戴。」

許成章老師為了引起學生的學習動機，找來幾首趣味性高的打油詩。那些淺白有趣的詩句，配上許成章老師一口的臺灣國語，學生們一聽，精神都來了！

感念師恩，以「圓滿終老」回報

不只如此，在他們升上高三，準備參加大學聯考時，許成章老師特地從四書五經，挑選出最有名的五百句，要學生們背誦。

「這不但為我們奠定不錯的國文基礎，還能提升我們的作文程度，幫助我們在聯考時拿到比較高的成績。」

許成章老師的勤奮、熱忱，不僅發揮在教導學生身上，也發揮在自己身上。

「許成章老師非常上進，他後來又靠自修，取得大學教師的資格檢定。甚至以手抄寫，編撰了一本台語字典。」

許成章老師離開高雄中學以後，在高雄醫學院擔任講師，之後又取得副教授的資格。

退休後，他有次對許水德說，他的喉嚨近來一直不太舒服。醫生說，他必須繼續說話以訓練喉嚨，否則恐怕會吞嚥愈來愈困難。

無論是否確有其病，許水德都聽出老師的心意，了解他仍然念念不忘一生熱愛的教學工作。

於是，當時擔任臺灣省政府社會處處長的許水德，拜託梅可望，為許成章老師安排一份在東海大學兼課的教職。

這樣的回報，讓許成章老師開開心心重回講台，繼續以他特有的臺灣國語、風趣幽默的授課方式「訓練喉嚨」，順利圓滿終老。

有王家驥校長，才有許水德

提到高雄中學王家驥校長，許水德忍不住說：「有王家驥校長，才有許水德。」

許水德為什麼這樣說呢？因為王家驥校長對他的恩澤，不單對他的求學生涯，甚至於整個人生，都具有關鍵性的影響與啟發。

「我這一生受到影響最大的，就是王家驥校長。」

素來乖巧懂事的許水德，其實也有屬於他的叛逆與正義感。高中一年級時，他曾經因為看不慣某位傲慢無禮的醫生之子，於是和同學們商議，打算給那位醫生之子一點教訓。

他們幾人選定一個晚上，埋伏在醫生之子必經之路。當他一走過來，幾個人就圍上去揍他。他們主要的用意是，嚇嚇他、挫挫他不可一世的傲慢，並沒有要將他毆打成傷，所以下手並不重。

誰知，醫生之子被教訓後，非但沒有收斂驕縱習氣，反而怒不可遏。當繁忙的父親一回到家，他立刻添油加醋向父親控訴，無端遭受許水德等人的圍毆。

那位擔任雄中家長會長的大牌醫師一聽，火冒三丈！第二天一早，立刻氣急敗壞找王家驥校長興師問罪，並揚言一定要開除許水德等人。

大牌醫師指控的幾名學生，王家驥校長都有一定程度的了解，相信他們絕對不可能無緣無故打人。於是，王校長不畏得罪大醫師，不贊同將這幾位學生開除，而以留校察看的方式處理。

「留校察看」其實是，王校長為許水德等人解圍的緩兵之計，以免他們被學校開除學籍。

「如果真的被開除學籍，我不僅對不起父親，恐怕這一生也毀了。」許水德感到萬幸地說。

別以為王家驥校長不會真的開除學生，他不但曾經開除過學生，而且這個學生正是與他一起飄洋過海來到臺灣，相依為命的親生兒子。

有一次，王校長的兒子觸犯校規，鐵面無私的王校長，斷然將兒子開除學籍。這樣的鐵腕作風，為高雄中學學生豎立了恪遵校規的行為規範。

有了這個前車之鑑，許水德等人本來自認為凶多吉少。沒想到，王校長對自己的兒子嚴厲，卻對學生法外開恩。

「這就是王校長剛中帶柔的地方。」

許水德說，王校長看似威嚴，作風鐵腕，但也有溫和、柔軟的一面。

身體力行「走動式管理」

王校長對許水德的另一個柔性作法是，特別准許他不用參加升旗典禮。

大病初癒後復學的許水德，身體雖然逐漸康復，但依舊孱弱。王校長看到他終於能夠返回學校上課，心中萬分欣喜。但是，得知他寄人籬下，晚上還要兼家教，不禁感到疼惜。

為了讓他能夠多睡一會，王校長破例允許他不用參加早上的升旗典禮。「這個特例，對當時還需要多休息的我來說，真的幫助很大。」

王校長還有一項德政讓他受惠良多。

第一次休學復學後，許水德分外珍惜念書的時光，但是家中並沒有讀書的環境。

「別說沒有書桌可以伏案念書、寫作業，就連電燈也沒有。」對他來說，放學就等於不能念書了。

幸好，王家驥校長突破當時保守的校園管理制度，逕行主張開放教室，讓學生可以在放學後，繼續留在學校念書。

這對於沒有讀書環境的學生們來說，簡直是一大德政！許水德欣喜地每天放學後仍留在學校讀書，讀到晚上九點才搭火車回左營家中。

王校長治校的德政，還包括非常重視德智體群四育的均衡發展。「就連音樂課、體育課不及格，也會被留級。」

王校長並且身體力行「走動式管理」。他經常巡視校園，看看學生的上課情形，以及下課時都在做甚麼。遇到學生向他打招呼，他幾乎都叫得出名字。「王家驥校長的『走動式管理』，對我的啟發很大，我後來從政，也都是採行『走動式管理』。」許水德說。

此外，王校長的公正無私，讓高雄中學的學生，考試沒有人敢作弊。因為，一旦作弊被查到，就會被留級。「高雄中學也沒有太保存活的空間，因為找不到願意結黨的同學。」

一生精華歲月奉獻給教育

王家驥校長的剛中有柔，嚴格中有例外的行事作風，還表現在一件讓他印象深刻的事情上。

那是許水德擔任高雄市市長時才得知的。那一年，省政府主席邱創煥先生，帶領各縣市長，到墾丁舉辦自強活動。行經高雄市時，高雄市市長許水德擔任東道主，宴請大家。

席間，新竹市市長施性忠，得知許水德一直與雄中王家驥校長保持密切聯絡，於是向他要了王校長的電話號碼，並且訴說一段讓他終生感謝王家驥校長的故事。

施性忠告訴許水德，他當年在新竹中學念到三年級時，由於觸犯一項違反校規的過錯，辛治平校長依據校規，必須將他開除學籍。但是考量到施性忠的成績相當優異，如果此時將他開除，恐怕會耽誤他的前途。

於是，新竹中學辛校長，特地跟王家驥校長商量，拜託王校長讓施性忠轉入高雄中學，繼續完成高中三年級的課程。

照理說，三年級不可能再辦插班考試，但是王校長在看過施性忠三年來的學業成績後，決定為他破例一次。

施性忠終於在那場特別為他舉辦的插班考試中，順利轉學進入高雄中學就讀，之後更是不辜負兩位校長的關愛，高分錄取臺大。

「我今天既然來到高雄，一定要去拜訪王校長，當面向他致謝。」施性忠說。

像施性忠和許水德一樣，受惠於王家驥校長甚深的學生，在王校長長達二十四年的教育崗位上，想必是不計其數吧！

「王家驥校長堪稱是一位教育家典範！他把一生中最精華的歲月，全部奉獻給教育。」

從民國三十七年到民國六十一年，長達二十四年的時間，他一直固守在高雄中學校長的職務上。

一輩子奉獻給教育的王家驥校長，來自一個書香世家。他的曾祖父、祖父、伯叔祖父都是清朝的貢士，父親也是當時的秀才。

王家驥自上海大夏大學，獲得教育學士學位後，回到福建，先後擔任小學校長、中等學校教育行政工作、師範學校教師、督學、地方教育幹部等十餘個基層教育職務。

民國三十五年一月，王家驥應昔日長官范壽康之邀前往臺灣，擔任臺灣省行政長官公署教育處（後改制為臺灣省政府教育廳）督學。

民國三十七年八月，省政府教育廳任命王家驥擔任省立高雄中學（今市立高雄中學）校長。九月一日就任時，他提出了「自強不息」的雄中校訓，以及「實事求是，精益求精」的雄中精神。

為了鼓勵學生勤奮讀書，王家驥校長每天比學生早到學校；而每當有導師上課遲到時，他甚至會親自代理上課。

王家驥校長律己甚嚴，凡事以身作則。他因為禁止學生抽菸，因此自己率先戒除每天三包的菸癮。

而當年應長官之邀來臺時，妻子留在家鄉照顧年幼的次子。他為了表示對妻子的忠誠，來臺後始終未再娶。

視功名利祿如浮雲

關心教育的王家驥校長，除了學校事務外，還擔任高雄市教育會主任委員；而對於南臺灣的藝文發展，他也甚為關心，因此參與畫家劉啟祥所組織的高雄美術研究會。

師範大學校長劉真調升臺灣省教育廳廳長時，開始有機會與王家驥校長接觸，接觸愈頻繁，了解愈深後，兩人分外惺惺相惜。

劉真在教育廳廳長任內，多次想提拔王家驥校長擔任政府重要職務，但都被他婉拒。

對於功名利祿，王校長視之如浮雲，甚至連學校附設的校長宿舍，他都讓出一大半空間，供學校教職員子女的托兒所使用，自己僅留下小客廳和睡榻。

「逢年過節，歷屆已畢業的學生回去向王校長拜年時，都擠在他那間狹窄、簡單、素樸的校長宿舍。」

王家驥校長退休後，學校意欲將他住了二十四年的校長宿舍，留給他作為養老之用。但是他不願意公器私用，寧願自己租一間小公寓棲身。

這麼一位深受學生愛戴、景仰的校長，早年在大陸時，曾經未向政府報備，即加入一個讓政府頗為敏感的讀書會。因而被列為管制對象，從此限制其出國。甚至在許水德擔任高雄市市長時，王校長還曾被調查局約談。

「這些事王校長從來都不會對別人說，後來是因為調查局調用我的司機，開市長座車載他去調查局，我才知道。」

王校長守口如瓶的還有一件事，那就是，他對這輩子無法出國深感遺憾。王校長的這個遺憾，是透過私交甚篤的劉真校長告知，許水德才知道的。

那一次，多位師大同學齊聚在昔日校長劉真家裡，為他七十大壽祝賀。當時，已經從教育廳廳長職位退休的劉真，對許水德說：

「王家驥校長這一生最大的遺憾，就是從未出過國門。日後你如果有機會，就想個辦法幫他圓一圓出國的夢。」

這番話許水德謹記在心。在他擔任國民黨祕書長時，找了一個適當的機會，向政府高層建議：「派幾位望重士林的退休教育家，如高雄中學校長王家驥、臺南一中校長蘇惠鏗，及新竹中學校長辛治平，到美國『疏導台獨分子』（因為主張台獨的人士，有許多人出自這三所中學）。」

這個任務讓年近八十的王家驥校長，終於一圓出國的夢想！

師恩浩蕩，盡心圓夢做見證

「王家驥校長從不曾把他遭受過白色恐怖的委屈說給外人聽，也不曾埋怨。一輩子默默地盡心盡力奉獻給教育，這是他非常了不起的地方！」許水德由衷地說。

為了光耀亦師亦父的老校長，許水德在王家驥校長九十歲大壽及百歲大壽，分別邀請前後兩任總統為他祝壽。

民國八十三年九月，王校長過九十歲大壽，當時擔任國民黨祕書長的許水德，特地隨同李登輝總統南下高雄，並集合雄中校友，為王校長祝壽。

到了王校長的百年華誕，擔任總統府資政的許水德，又陪同陳水扁總統，南下為王校長祝壽。那場壽宴設在高雄霖園餐廳舉辦，大約集合了三百多位雄中校友共襄盛舉。

「能夠得到兩位總統，分別在王校長九十歲及一百歲時為他祝壽，這可以說是空前的榮耀！」許水德欣慰地說。

此外，許水德並與高雄中學校友會，曠日廢時，戮力盡心，結集了近百篇高雄中學師長、校友撰文。在王校長百歲壽誕之際，獻上「百年樹人——王家驥校長百齡嵩壽文集」。

王家驥校長對於許水德的一生，意義重大。許水德感念在心，莫不盡最大的能力，為王校長圓夢，也為王校長的教育貢獻做見證。

高雄中學王前校長家驥先生，欣逢八十五歲華誕，會同當年同學假高雄圓山大飯店，共慶快樂生日

劉真校長身體力行「誠正勤樸」

民國三十八年四月，劉真在臺灣省政府主席陳誠的任命下，擔任臺灣省立師範學院院長（臺灣省立師範大學前身）。

「在擔任師範學院院長以前，劉真曾任立法委員。那時，省政府主席陳誠，有意要他接任師範學院院長，因此讓他在立法委員和師範學院院長之間做選擇。劉真最後選擇了師範學院院長的職務。」許水德說。

這樣的選擇，與他晚年所說的：

「政治不是一輩子的事，文教事業才可以長長久久。」不謀而合，也表明了他內心真正的志業在教育。

劉真擔任了八年的師範大學校長，並以「誠正勤樸」為校訓。

劉真曾說：「我之所以選定『誠、正、勤、樸』四個字為師大校訓，旨在要求學生注重個人品德的修養。」

師生緣起於「培蓀獎學金」

「誠、正、勤、樸」的校訓，對許水德的啟發和影響甚鉅。「我從政後，無論處世或任事，都是以這四個字來砥礪、提醒自己。」

劉真校長認為，品德教育應該從生活教育開始。也就是，要讓師大學生都能夠養成良好的生活習慣；而良好的生活習慣，從早起參加升旗典禮與健身活動開始。因此他規定，所有的住校生都要參加升旗典禮。

「劉真校長在八年的校長任內，無論晴雨，每天一定會起早參加升旗典禮。這可是要有很大的毅力和恆心呀，真是不簡單！」許水德欽佩地說。

遇到下大雨不用升旗的日子，劉真校長就到學生宿舍，催促他們起床，養成良好的生活習慣。

劉真校長在升旗典禮前後，都會與學生們交談，「當時師大學生僅有七百多人，經過四年朝夕相處的時間，差不多每一位同學的家世與個性，我都了解得非常清楚。」劉真在《水車哲學》一書中寫道。

當時能夠進入師範大學就讀的學生，都非常地優秀，許水德之所以能夠從這麼多優秀的同學當中脫穎而出，讓劉真校長印象深刻，並且畢業後始終保持密切地聯繫，起因是「培蓀獎學金」。

當時，「上海培蓀中學在臺校友會」，為了紀念該校校長培蓀先生作育英才的辦學精神，特別在師大教育系設立獎學金，以獎勵品學兼優的學生。

民國四十四年第一屆評選時，許水德雖然是第二名，卻在教育系教授田培林以「這個獎學金，對家境清寒的許水德非常有幫助」為由，頒發給許水德。

第一次的頒獎典禮，「上海培蓀中學在臺校友會」特別在延平北路鐵路局會議廳舉行，由會長程滄波先生親自頒發獎學金——新臺幣一千元。

這一千元在當時，可是一筆為數可觀的金額。

家境貧困的許水德，雖然念的是有公費的師範大學。但是，微薄的公費並不足以支應購買書籍及生活必需品之用。因此，許水德每天晚上都擔任家庭教師，以賺取家教費。

家教費除了用來貼補自己的生活所需，還有一部分要寄給居住在高雄的家人。

所以，這一千元的獎學金對他來說，正如田培林教授所說，非常有幫助。

師大教育學系四七級畢業與師長、同學合影留念

彼此敬愛景仰的師生情誼

獎學金的頒獎典禮上，劉真校長對品學兼優、刻苦自勵的許水德，留下深刻的印象。

「許水德的同班同學說，他十分愛惜學校發的兩套制服，常在宿舍裡用手搓洗；而對於必須自費購買的鞋子，他更是珍惜。總要穿到比其他同學多個一年半載，破舊不堪了才捨棄。」劉真校長說。

許水德雖然刻苦、忙碌，但是，他與生俱來的服務熱忱，讓他不僅被推舉為畢聯會主席；在畢業典禮上，他還代表畢業生致答辭、領畢業證書。

這種種表現，讓劉真校長對他極為喜愛與器重。而許水德對劉真校長也是由衷地景仰。

「劉真校長這麼勤奮認真的精神，與師大『誠正勤樸』的校訓不謀而合，更因此凝聚了學生們的師大精神。」許水德說。

劉真除了以學生為重，對於教師同仁也非常照顧。他後來離開師範大學校長職務，調升教育廳廳長時，為教師們成立「教職員福利委員會」，以及在臺北、臺中興建「教師會館」。

此外，當許水德準備赴日本留學時，劉真還特別請託他搜集日本「育英協會」的資料（「育英協會」除了致力於培育優秀青年，還包括幫助優秀青年申辦貸款、獎助學金等），做為他培育人才計劃的重要參考。

充滿人文關懷的全方位教育家

劉真校長對學生的關愛勉勵；對教職同仁的體恤；對作育英才的用心，以及到了七十多歲，還念念不忘老友王家驥校長不能出國的遺憾，在在顯示出他是一位充滿人文關懷，全方位的教育家。

劉真從教育廳廳長退休時，仍然關心文教事業。因此，許水德和他一起籌辦「劉真文教基金會」。劉真並請託許水德擔任「劉真文教基金會」第一任董事長。

李登輝任職總統期間，曾屬意劉真擔任國史館館長，當他請時任祕書長的許水德轉達時，劉真說：「謝謝李總統抬愛，但是我不想從政，只想從事文教事業。」

因此，許水德向李登輝總統推薦，由劉真擔任「文化復興委員會」副會長，劉真也欣然接任。

許水德敬愛的兩位校長——王家驥和劉真，都是九十幾歲、一百多歲的高壽者，為什麼這些偉大的教育家都如此長壽？

「我想是因為他們寡欲、清淨、無所求的人生哲學吧！」

而這樣的人生哲學，在許水德身上，也產生潛移默化的影響。

名士般的哲學大師田培林教授

許水德念師範大學教育系時，有位明星級教授——教哲學概論的田培林教授，備受學生們欣賞、仰慕。

他總是穿著一襲長袍，叼根菸斗，甚麼教科書都不帶，就翩然走進教室授課。

雖然他一派超然物外，怡然自得的名士風範，但是針貶起時事，卻又一針見血、擲地有聲，且無畏無懼。

最讓許水德印象深刻的一次批評是，田培林教授曾說：「現在社會不正常，老年人談戀愛，年輕人上教堂。」

田培林所指的老年人即李石曾（李石曾乃故宮博物院、中央研究院創建人之一；北京改名為北平時，曾任國立北平大學校長）。田培林雖然沒有指名道姓，但是那時，李石曾古稀之年再娶第三任比他小三十多歲妻子的事，鬧得沸沸揚揚，輿論毀譽參半。

文明可以移植，文化要慢慢培養

直言無諱的田培林，是位開朗的自由主義者，也是位把哲學念得通透，並內化到人生觀及行事作風的哲學家。

田培林教授向來重視國民教育。他認為，國民教育代表一個國家之國力，從一個國家之國民教育水準，即可判斷這個國家國力的強弱。

畢業自北京大學哲學系的田培林，畢業後任教過保定育德中學；河南省省立第一、第二中學；北平國立女子師範大學；北平大學法商學院；俄文法政專門學校；河北省立女子師範學校等。

為了在學術更上一層樓，田培林遠赴德國，就讀柏林大學哲學院，獲哲學博士學位。返國後擔任西南聯大師範學院教育系教授、國立同濟大學教授、國立河南大學校長、西北農學院院長。

除了擔任教職，田培林也曾歷任黨職。抗戰勝利後，田培林曾任教育部次長，以及第一屆國大代表。

田培林隨政府遷臺後，出任臺灣省立師範學院教育學系教授兼系主任。師院改制為臺灣省立師範大學後，擔任教育學院院長；並在民國四十四年，創辦師範大學教育研究所。

田培林在大陸就已經是位深受學生愛戴的名教授。在師範大學傳授哲學概論時，更是學生們趨之若鶩的熱門課程。

「田培林教授講課深入淺出，旁徵博引，非常引人入勝，因此總是座無虛席。」許水德傾慕地說。

每次上田培林教授的哲學概論課，許水德不僅聽得如癡如醉，而且總能很快就心領神會。這固然是因為田培林教授的課講得精采絕倫，還有部分原因是，人生經歷比一般同學曲折、艱辛，而且比同學年長幾歲的許水德，聽起哲學概論，油然而生心有戚戚焉的感悟。

「我對於田教授所講的論點，都很能掌握，也非常理解。」許水德說。

一直到今日，許水德對於田培林教授昔日上課所說的話，仍記憶猶新。諸如：「文明與文化不同。文明可以移植，文化卻不能，一定要慢慢培養。」

田教授當時舉例，譬如手錶的發明是一種文明，其他的國家、社會，很快就能夠學習、轉移這項技術；而文化比方說是「守時」，守時是一種觀念、習慣，甚至是一種信仰，只能慢慢養成、建立。

「我們可以享受文明，但也該重視文化。」田教授如是說。

因為有興趣、能理解，許水德的筆記摘記得既詳實又切中要點。對於沒有教科書可參閱的哲學概論課來說，筆記本就變得相當重要。而許水德的筆記本，就成為同學們爭相抄寫的搶手貨。

筆記做得切中要點，考試成績自然亮眼。

「我的哲學概論，總是考全班最高分。」

哲學名士的大影響力

許水德的優秀表現，田培林教授不但注意到，而且非常讚賞他對哲學的出色領悟力與理解力，因此破例讓許水德和班上另一位同學，旁聽他在研究所開的課。

當田培林教授慢慢了解到，許水德貧窮困厄、自食其力的家世背景後，對他的讚賞還多了一份疼惜。

因此，堅持由榮獲教育系第二名的許水德，取代第一名，領取培蓀獎學金一千元。

「這一千元獎學金，對家境貧困的許水德，幫助比較大！」田培林教授說。

這個獎學金對許水德來說，不只是生活補貼，更是一項榮譽，以及田培林教授對他的關愛與肯定。

受到名士大師田教授的關愛，不僅讓他念起書、做起事來更有勁，甚且也深刻地影響到他的人生觀與處世觀。

「從政那麼多年，我深刻體悟到，從政者不單要懂法律、經濟，更應該要有哲學素養。」

個人風格明顯的田培林教授，常對學生們說：「不要人云亦云，隨聲附和，要有自己獨特的風格。」田培林教授主要是鼓勵學生，培養獨立思考的能力。

此外，田培林教授還常常耳提面命，要學生把英文學好。「外語是研究高深學問的工具。」他說。

對田教授心服口服的許水德，於是特別下功夫學習英文，除了選修英文系的課，還上教會向外籍修女學英文。

這麼認真學習的結果，許水德和全學年各系一起參加英文會考時，竟然高踞第二名。

許水德回顧他在大學、研究所接受的高等教育中，傑出的教授比比皆是，「但是，很少教授像田培林教授一樣，對學生的影響那麼大。」

田培林教授在民國六十年退休時，已是七十八歲高齡，從講台上退休後四年，他也自人生的舞台退下來。但是他的名士風範，他的精采哲學課，卻已鐫刻在學生的腦海中。

帶給我溫暖的兩位教授

在臺灣省師範學院教育系就讀時，學校免費提供三餐、學生宿舍、學雜費。此外，每個月還有四十五元的零用錢。

不過，除了自給自足，還要資助父親及其繼子女的許水德，盡其所能兼了三個家教。

「一個家教每個月的收入兩百五十元，三個家教加起來，每個月就有七百五十元的收入。」

雖然有這筆令人稱羨的家教收入，日文程度頗佳的許水德，甚至還撥出時間翻譯日文的教育典籍，以賺取翻譯費。

這個時期的許水德，已然不同於那個別的同學中午吃便當，他只能躲在樹下吞口水的小可憐；而是個時不時能夠請同學打打牙祭的「大哥哥同學」。

比起同班其他同學，許水德真的要算是大哥哥了。除了後來因故休學兩次共三年外，許水德剛就學的時代背景，也讓他多念了兩年書。

何其溫暖有幸的大學時光

在日治時期後期，許水德小學畢業後，只能念貧窮子弟的唯一選擇——兩年制的高等科。原本以為，念完高等科就沒有繼續念書的機會了。

沒想到，高等科畢業後，正逢臺灣光復。光復後，政府全面改善教育制度，鼓勵人民接受教育，許水德這才有機會再參加升學考試，考進初中就讀。

念高中時，許水德已經比同班的大部分同學大兩歲。高中時又因家貧及後來生了一場大病，兩度休學，前後耽擱了三年。

到了進入大學就讀，許水德已經足足比同學大了五歲，所以說是「大哥哥同學」。

大哥哥許水德雖然有多份兼差，仍不忘他的「主業」是求學。為了不讓兼差工作影響學業，他利用週末假日，一整天窩在圖書館裡認真念書。因此，他縱然兼了那麼多份差事，成績依舊亮眼。甚至得到門檻極高的「培蓀獎學金」一千元。

一千元在當時可是一筆不小的數目！導師錢卓升知道許水德對同學向來大方，還特別叮嚀他：「錢不要亂花喔！」

「錢老師叮嚀我時的語氣和態度，就像母親一般慈祥和藹。」許水德至今想來，心頭仍有一股暖意。

錢卓升老師的溫暖，還表現在經常邀許水德到家中飽餐一頓上。

「錢卓升老師知道我週末假日經常留在學校圖書館念書，以及寒暑假返鄉的時日極短，或甚至因為兼差而沒有時間返鄉，就會常常在假期邀我去她家吃飯。」

不只許水德，每到聖誕節假期，錢卓升老師都會邀請留在學校的學生，到她的家中過聖誕節，吃聖誕大餐。

錢卓升教授不僅傳授精神食糧，也像是一位照顧孩子們溫飽的母親。

「我和錢老師一直保持連絡，後來我生雙胞胎，她還送了一對金手鐲給我。」

大學時期，除了導師錢卓升教授對許水德多方照顧。還有位教中文的教授余書麟，在許水德翻譯《愛彌兒的幼年教育時》，為了表示鼓勵與肯定，自願幫他校對中文。

「沒見過教授幫學生校對吧，我真是何其有幸啊！」

吳兆棠所長引領我踏上從政之路

許水德大學畢業那年，考上政大教育研究所（同屆師大畢業生中只考取兩名）。但他依師範學院規定，先在教育界服務一年。

實習一年屆滿，許水德正式到政大教育研究所報到。研究所的學習型態自由又自主，而且每個月有四百元的研究費，讓學生安心於學業研究。

但是，對錢沒有安全感，又想貼補父親一些錢當生活費的他，還是挪出時間兼家教，以及在救國團青年服務社教日文，之前的日文翻譯工作，也一直沒有停歇。

兼了這麼多份工作，雖然不是特別辛苦，但也因此無法全心全意念書。他雖然在兩年內如期修完學分，也通過學科考試，但論文口試卻是等到服完預官役才通過的。

「而且我寫論文的同時，還在北投初中教書呢！」

從政最能有效做到「境教」

即使課業、兼職工作如此繁重，許水德的成績不僅依舊優異，還被推舉為研究生聯誼會總幹事。

當時，教育研究所的研究生共八名，所長吳兆棠博士（時兼救國團副主任，蔣經國為主任），對這八位學生都非常了解，尤其對於許水德樂觀向上、樂於助人的個性甚為欣賞。

吳所長曾經當著許水德的面，對某位個性內向、抑鬱寡歡的研究生說：「你學學許水德樂觀開朗，樂意為人服務的個性吧！」

吳兆棠所長對研究生說的「境教」，許水德始終牢記在心。

吳所長說：「言教、身教固然重要，但是境教也很重要。」他所指的「境教」，即是形塑一個教育的環境。

「吳兆棠所長認為，從政最能夠有效做到『境教』。」許水德說。

吳兆棠所長本身的學經歷，似乎就是在實踐他的「境教」理想。

吳兆棠畢業於上海同濟大學德文科。畢業後不久，即進入日本早稻田大學政治經濟學部進修。返國後任職於考試院。

幾年後，吳兆棠趁工作之便，進入德國柏林大學哲學研究院教育研究所研讀博士學位。

之後歷任南京大學教務長、訓導長；教育部督學；南昌國立中正大學代理校長；再調教育部中等教育司司長，並當選國民大會代表。

民國三十八年，吳兆棠來臺擔任交通部訓練委員會副主任委員，再調革命實踐研究院服務。之後受命擔任國立政治大學訓導長。

許水德在政治大學教育研究所研讀碩士學位時，吳兆棠博士不僅擔任所長，還兼中國青年反共救國團副主任。

研究所畢業前夕遭逢父喪

吳兆棠所長對許水德的人品及能力十分肯定，因此數度為他推薦與安排工作。

最早是推薦他擔任中國國民黨八全大會的學生代表。但是，課業、家教、日文翻譯及學校事務已讓他忙得分身乏術，只好辜負所長的美意。

研究所畢業時，吳兆棠博士原本安排他留在政大研究所擔任講師兼所長祕書。

「他為了能讓我留在臺北工作，甚至打算勸自己的女兒，讓出實踐家專的教職給我。」

無奈，研究所畢業前夕，許水德痛遭父喪。畢業典禮就在他為父親守喪期間舉行。

當同學們穿著他在研究所擔任總幹事時，爭取來的碩士袍，在禮堂接受禮讚時，他卻哀戚地穿著喪服，默默守在父親的靈堂追悼。

守喪期過後回到研究所，吳兆棠博士考慮到他甫遭父喪，也許需要留在南部，就近照顧繼母及其所生的弟弟妹妹。於是建議他去南部唯一的一所大學——陸軍官校，擔任講師。

吳兆棠博士的用心讓他非常感動，因為他明白，吳博士之所以要他先在南部教書，一方面是就近照顧家人；另一方面則是希望他先在外校累積資歷，三年後才比較有機會調回政大擔任副教授。

在陸軍官校任教時，適逢該校實施最新的「賽爾教學法」，也就是即問即答的互動教學方式。每班僅編制十五名學生，充分訓練學生思考及提問的能力。

為了應付各式各樣的問題，許水德上課前總是先做足準備。

「將近三年的教學相長，訓練出我日後擔任教育局長、社會處長、北高兩市市長、內政部長，以及考試院院長時，在議會及立法院答詢的能力。」

陸軍官校訓練出的人才，日後官拜將官的比比皆是。

「我擔任考試院長時，當年在陸軍官校教過的學生聯合請我吃飯，席中共有二十一顆星！」當晚的「星光閃閃」，勾起他對那一段教學生涯的懷念。

知遇之恩，終生難忘

早在陸軍官校開學前，吳兆棠博士即為了幫忙他多賺點收入，安排他到救國團高雄團委會擔任文教組長。

當吳兆棠博士升任臺灣省教育廳廳長時，告訴許水德：「救國團主任蔣經國先生指示，要提拔本省青年擔任省中校長及教育科長。因此，我先介紹你到高雄市教育局兼任主任督學，以歷練地方教育行政的經驗。」

吳兆棠博士是第一位提拔許水德的師長及長官。在他的提攜與安排下，許水德一步步邁向行政工作。而主任督學這個最基層的官職，即是他從政的起點。

「我事後推想，在我擔任政府部門工作時，蔣經國總統之所以對我那麼好，一定是和吳兆棠博士有關。」許水德說。

那時，擔任救國團主任的蔣經國先生，與擔任副主任的吳兆棠博士，有許多對話的機會。

許水德猜想，他們兩人私下談話時，吳兆棠大概曾提到許水德，並對他讚賞有加。因此，一心想提拔本省人才的蔣經國先生，就對許水德留下很好的印象。

「吳兆棠博士對我的知遇之恩，我終生難忘。」許水德說。

吳博士對許水德說的話，他也不敢或忘。其中，「沒有組織的組織，比有組織的組織更有力量。」這句話，他雖然也牢記心中，卻是在從政多年，政黨輪替後，才深刻體會出箇中真意。

而吳兆棠博士「知人善任，沒有派系，廣納人才」的行事作風，對他的影響甚大，甚至奉為圭臬。

遺憾的是，吳兆棠博士出任教育廳廳長不久，即因肺癌在任內病逝。

「他過世時才五十九歲，英年早逝啊！」許水德不勝唏噓地追憶。

【長官篇】

- 牢記潘振球「吃虧就是占便宜」的信念
- 虛位以待年餘的張豐緒縣長
- 從楊金虎市長，首度看到政治的現實無情
- 不拘小節、氣度恢宏的謝東閔
- 既是長官，也是不離不棄的好友李煥
- 有著開闊胸襟的正人君子陳履安
- 「犧牲享受，享受犧牲」的蔣經國總統
- 我相信，李登輝總統確實是一心一意為臺灣好！

許水德在蔣經國總統任內，擔任公職約二十年；在李登輝總統任內，擔任公職近十年。近距離與兩位總統頻繁接觸後，許水德對於兩人的個性、行事作風，有著鮮明的差異化體驗。

無論是面對善於聆聽的蔣經國，或是善於表達的李登輝，該講的話，許水德都毫不退怯，直言無諱。

牢記潘振球「吃虧就是占便宜」的信念

在許水德的一生當中，有兩次考取留學日本的公費，卻都在長官的召喚下打退堂鼓。

第一次是在民國五十六年。三十六歲的許水德，辭別賢妻稚子後，已在日本攻讀博士學位一年。

一個學年結束後，許水德整理行囊返鄉探親，並受邀與留日學生回國訪問團，一起參加先總統蔣公蒞臨談話的青年節大會，會中許水德還被推派代表青年學生發言。

「我永遠記得，先總統蔣公跟我握手時，他的手是那麼地柔軟溫暖。」

現實與理想兼顧的「水車哲學」

五月間回到日本念書時，許水德突然接到教育廳廳長潘振球來電，希望他回國擔任屏東縣教育科科長，籌備九年國民義務教育的工作。

根據潘振球廳長的說法，他之所以選擇許水德，是受到當時屏東縣長張豐緒之託。當屏東教育科科長出缺時，張豐緒縣長到省府和他研究，想找一名學歷好、有幹勁的教育科長，來幫他把屏東縣的教育工作做好。

潘振球為了不負所託，到處留意是否有人合乎他的條件。當時教育廳祕書朱迺武（許水德的研究所同學），以及同事謝又華，都向他提到許水德，說他是師大畢業，又是政大研究所的碩士。

於是潘振球又問師大、政大的老師，老師們都稱讚許水德，說他出身貧困家庭，卻能發奮用功；後來潘振球又詢問高雄中學的校長王家驥，王校長說許水德在就讀雄中時期，半工半讀完成高中學業，後來又以第一志願考上公費的師大，是一位品學兼優、刻苦上進、不可多得的青年。

聽到大家對他一致的讚譽，潘振球廳長斷定，許水德的確是一個合適的人選，於是設法和他聯絡。

許水德接到潘振球廳長的電話，當下腦海中閃過一個問題：「我不曾參加高考，沒有通過高考，就不具備薦任科長的資格啊！」因此沒有立即答應。

翌年六月，潘振球廳長寫信給他，重提希望他放棄留學，回國參與籌設九年國民義務教育的事。並言明沒有高考資格亦無妨，可先以屏東師專講師的資格，直接調教育廳服務，再派任屏東縣政府代理教育科長。

聽到這樣的指示，他開始陷入兩難。

「能夠參與九年國民義務教育的工作，是學教育的人最好的機會。但是，出國進修也是我多年來的心願呀！」

當他告訴日籍指導教授心中的難題時，指導教授認為，此時放棄學業未免可惜，因為他的成績很好。於是建議他，不如先回去看看，只要回程的機票不領，就可以再回到日本繼續學業，獎學金也可以繼續幫他申請。

幾經思量，他終於決定放棄學業，回國敘職。他的考量是：雙胞胎兒子那時才兩歲，妻子不但白天教書，晚上照顧兩個幼子，還要為教師檢定考衝刺，實在太辛苦了！而且，要取得日本的博士學位，又是出了名的難，不知還要離家多久！

「拿到博士學位雖然是我的理想，但是這樣一來，就兼顧不了現實生活。」放棄學業回國敘職，才符合現實與理想兼顧的「水車哲學」。

而且，為了不浪費那張在當年貴得讓人咋舌的機票，他打算這次就領取機票，以釜底抽薪的決心回國。

不畏波折！閉門苦讀通過高考

這位改變許水德一生的教育廳廳長潘振球，畢業自湖南師範學院，之後又考上中央幹部學校研究部。

潘振球搭乘軍艦，渡海來臺後，就職臺中第二中學校長。翌年調臺北成功中學校長，任內提出「愛國家、求進步」的口號，並推動軍訓與童子軍教育。

離開校長職務後，潘振球就任臺灣省政府委員兼教育廳廳長。兩年後，故總統蔣中正決定全面延長國民教育的年限為九年。經過一年的籌備，終於在一九六八年舉行聯合開學典禮，正式施行「九年國教」。

當許水德放棄留學回到國內後，卻遭逢讓他非常錯愕的消息！潘廳長告訴他，銓敘部不同意他們的權宜之策，他還是得先考取高考才行。「先考考看再說吧！」潘廳長無奈地說。

要通過高考本非易事，尤其那時離高考的日子，僅剩下一個月！為了全心衝刺考試，他們舉家搬到高雄岡山太太的娘家，好讓妻兒有人幫忙照應。他則每天一早就帶著便當，到岡山國小苦讀，讀到天色暗得看不清楚書上的字才返家。

「由於當時正值學校放暑假，教室都鎖起來，我只能在樹下、走廊捧著書讀，相當不方便。」

有了這個經驗，他日後擔任省政府社會處長，以及臺北、高雄兩市市長時，極力推動校園有限制開放政策。

到了考前一週，他提前到臺北，並在新公園附近的新生旅社，租下一晚三十五元的房間閉門苦讀，除了用餐時間出去買個便當回旅館，幾乎都足不出戶。

他還準備了多瓶能夠提神的克勞酸，以應付每天不分晝夜的埋頭苦讀。所幸皇天不負苦心人，許水德在最難考的「教育行政」科，以第三名的成績考取，順利就任屏東縣政府教育科科長。

做事認真、做人實在的教育家

許水德得知必須通過高考，才能敘職時的反應，讓潘振球廳長既感動又佩服。

他在許水德《六十自述》的序文中寫到：

「一個人犧牲了公費留學返國，還不能接任科長，若是普通人，恐怕要破口大罵了，但是許水德並沒有如此，而且繼續與我們挑燈趕辦九年國教的籌劃工作……當他為了準備考試，獨自束裝北上，在一家小旅館苦讀，我實在不能想像當時他的心情……」

由於對許水德的欽佩，日後他在教育局長任內推動各種阻力甚大、難度甚高的政策時，潘振球廳長都給予最大的支持。

而許水德對於潘振球廳長，也是讚賞不已，甚至誇他是位「人格者」。「他是位做事認真、做人實在的教育家。他的個性溫厚，不與人爭，也不喜歡計較。他常說：『吃虧就是占便宜。』」

這樣的行事作風，對許水德日後的從政風格，相當具有啟發性及影響力。

為了回報潘振球的提攜與支持，當許水德擔任國民黨祕書長時，向李登輝總統推薦，由潘振球擔任國史館館長。這個工作，潘振球勝任愉快，直到八十二歲榮退。

虛位以待年餘的張豐緒縣長

拚了一個月通過高考檢定後，許水德正式擔任屏東縣政府教育科科長（後改制為教育局局長）。在屏東縣縣長張豐緒的充分授權、充分信任與肯定下，許水德戮力以赴、大鳴大放，造就他任內兩年，考績都是全省第一。

「我不但非常感謝張豐緒縣長，為我保留屏東縣政府教育科科長的職位將近一年。更感謝他的充分授權與支持。他是位能夠放心讓你做事的長官。由於他的充分授權，我得以充分發揮。」

張豐緒畢業於國立臺灣大學政治系，取得美國新墨西哥大學政治學碩士。曾當選第二、三屆臺灣省議員；第五、六屆屏東縣縣長。

張豐緒自縣長卸任後，擔任過臺北市市長、內政部部長、行政院政務委員，及中華民國體育運動總會會長。

好領導懂得充分授權

當初，許水德之所以放棄難得的日本公費留學機會，返國任職，主要就是為了能夠協助政府，推動九年國民義務教育。在學教育的許水德心中，九年國教可說是我國劃時代的創舉！

「先總統蔣公眼見當時小學生惡性補習嚴重，影響了幼苗生長與教育風氣，於是實施九年國民義務教育。」許水德說。

在張豐緒縣長的充分授權下，許水德竭盡全力拚九年國民義務教育的準備與推動。而這股為九年國民義務教育埋頭苦幹的衝勁，也是造就他連續兩年，榮獲考績全省第一的殊榮。

對於先總統蔣公所指示的：「所有公地一律無償使用」、「先設校後辦手

先總統蔣公有感基礎教育之重要，於五十七年一月廿七日公布九年國民教育實施條例，時任屏東縣政府教育局長，奉命推展建校增班等措施，曾獲考為全省最優縣市
（圖為偕張豐緒縣長陪同省教育廳長潘振球巡視推行九年國教情形）

續」、「鼓勵私人捐地興學」、「廢除公墓改設國中」，許水德每一項都做到了。

雖然推行這種種措施備嘗艱辛，但是，得知先總統蔣公誇讚：「要看九年國教的實踐，可以到屏東縣看看許水德先生的作法。」就覺得所有的辛勞都值得了。

能夠受到先總統蔣公的肯定，許水德認為，全是拜張豐緒縣長的充分信任與授權所賜。

從長官張豐緒身上，許水德學習到：好的領導人要懂得充分授權，與部屬分工合作；並且能夠知人善任，適才適所。

從楊金虎市長，首度看到政治的現實無情

早在許水德擔任屏東縣教育局局長剛滿一年，高雄市長楊金虎，就請他擔任高雄市教育局長。

「我反覆考慮後認為，張豐緒縣長與我素不相識，卻願意排除人情關說，為我保留教育科長職位那麼久，為了感激他給我這個機會，我應該繼續留在屏東服務，直到九年國教工作推展穩定再說。」

再過了一年半，高雄市市長楊金虎，再度邀他擔任高雄市教育局局長。許水德這次想，在屏東推展的九年國教已趨成熟，應該可以調回高雄為家鄉服務。

謝幕之後的冷暖人生

許水德擔任高雄市教育局局長期間，市長楊金虎對他非常支持——記得有一年我評校長考績，評完後交給他審核。他完全信任我，沒有提出半點疑問，就在上面批了字。

事後沒有任何校長抗議考績不公。他還覺得稀罕地問我：「為什麼今年都沒有校長來抗議考績不公？」我回答他，因為我們評得很公平呀！他聽了以後頻頻點頭。

還有一次要徵選學校護士，登記參選的人非常踴躍。不過當時規定，參加甄選必須經過黨推薦。

民社黨黨籍的楊市長，知道以後很不高興，我告訴他，其實甚麼黨推薦都沒有關係。楊市長問，那他可以推薦嗎？我說當然可以，只要考試及格，即可擔任學校護士，楊市長聽了之後就不再有異議。

不過，楊市長退休時，讓許水德第一次感受到政治的現實無情。

楊金虎市長任期的最後一天傍晚，下班的人潮漸漸散去，整棟高雄市政府辦公大樓空空盪盪，楊金虎仍坐在市長辦公室的位子上，面對著一室的冷清。

高雄市政府教育局長許水德，剛忙完公務，看到二樓市長室的燈還亮著，於是從一樓走到二樓的市長室，準備向楊市長道別。

看到楊市長孤單落寞的神情，許水德於是跟他分享一篇高中時代念過的文章——〈忠實的狗〉（*Faithful dog*）。

文章的大意是：「當榮耀在你身上時，所有的人便會出現在你身邊誇耀你、稱讚你，甚至很容易在你面前趴下；但當失敗降臨你身上時，當初誇你的人不僅會離開你，說不定還轉而攻擊你，甚至是第一個向你丟石頭的人。只有那忠實的狗直到你去世後，仍然在你的墓前紅著眼睛，思念著你，保護著你。」

聽了許水德說的故事，楊金虎市長感慨地說：「沒錯！以前剛當上市長時，家裡常常有人來拜訪，現在卻冷清許多。而你以前不曾到過我家。沒想到，最後來看我的卻是你！」

飲水思源，感恩惜福

許水德不僅在楊市長任期最後一天帶來溫暖，日後更不吝惜對他表示關懷與支持。

當他升任高雄市市長時，曾在高雄文化中心，為擅長書法的楊金虎舉辦書法展；不僅如此，每逢高雄市有重要活動，總不忘邀請他擔任貴賓。

甚至當楊金虎老年娶的第二任妻子過世時，擔任高雄市長的他，不畏流言前去上香致意。悲慟的楊金虎，在妻子的靈堂感動得哭喊：「彩鳳，彩鳳，許市長來看妳了！」

楊金虎七十出頭喪妻，擔心晚年無人照顧，因此不顧親人反對，在七十四歲時，執意與四十七歲，從歡場從良的陳彩鳳女士結婚。那時，不僅楊金虎的親友極力反對，甚至鬧上社會新聞版面。

楊金虎是位特立獨行，思想行為走在時代前端的傳奇人物。他是臺南市歸仁區望族。畢業於臺灣總督府醫學校（臺灣大學醫學院前身），然後在關廟公醫館行醫。

行醫幾年，楊金虎考進日本醫科大學專門部四年級，取得醫專文憑後回到臺灣，並且辭去公醫職務，轉往高雄自行創辦仁和醫院。

楊金虎曾當選高雄市選出來的第一屆國民大會代表，之後加入中國民主社會黨。

第六屆高雄市長選舉時，楊金虎再次獲民社黨提名，這次終於當選。

楊金虎以七十歲高齡當選高雄市長時，有人批評他年紀太大。他聽到後即反駁：「棺材是用來裝死人，不是用來裝老人的！」

楊金虎市長雖然是民主社會黨黨員，卻對許水德說：「我雖然是黨外人士，卻是孫中山先生的信徒。」許水德很欽佩楊金虎這麼說。

楊金虎先生的第二任妻子走了以後，八十多歲的他，果然身邊乏人照顧，甚至生病了也沒有錢可住院。那時已調派擔任臺北市長的許水德，請他來臺北住院，並幫他支付醫療住院費。

對於兩度提拔他的楊金虎市長，許水德確實做到了飲水思源，感恩惜福。

不拘小節、氣度恢宏的謝東閔

王家驥校長是許水德一生中，影響最深的人；而謝東閔先生，則是許水德一生中的關鍵人物。

臺灣省政府主席謝東閔先生，將他從高雄市主任祕書，拔擢到省政府社會處處長，職級直接跳三級。

那一年（民國六十四年），許水德領了公費留學的費用，購妥機票，準備再度赴日本留學的前一個星期，省主席謝東閔突然召見。

謝主席表示，他想藉助許水德辦教育的長才，請他接任社會處處長，推動社會福利工作。問他願不願意放棄公費留學，接省政府社會處處長這份工作？

這是第二次，他又在「去日本念博士學位」，和「接受一份非常吸引他的工作」間躊躇。八年前，他為了「協助推動九年國民義務教育」，捨棄念了一年的博士學位，束裝回國。

這次是連升三級的「省政府社會處處長」，尤其做的是非常吸引他的社會福利工作。

「我在想，以我一個窮苦人家出身的孩子，應該更懂得弱勢者的需求，如果我能做社會福利工作，應該很有意義。」

謝東閔主席見他沉吟半晌，以為他覺得勉強，於是又告訴他：「省政府處長的缺，大多由現任縣市長擔任，你以主任祕書升任這個工作，必須先向蔣經國院長報告。如果他不同意，你就可以去日本留學；如果他同意，你就接任吧！」

其實，謝主席安排的人事案，百分之八十蔣院長都會同意。謝主席當時那樣說，只是以退為進勸他。

謝主席之所以會提拔他，是因為他發現到，許水德已經四十多歲，卻還能在繁忙的公務中，抽出時間考上公務員留學考試。這樣的上進心，引起他高度的關注。

「當我正在考慮社會處長的繼任人選時，恰好看到一份省府公費留學考試錄取名單，其中列有許先生的大名。我覺得他已擁有國內大學碩士學位，職務也做到高雄市主任祕書，還想參加考試出國深造，好學的精神可嘉……於是，我決定請他來當社會處處長。」謝東閔在《水車哲學》一書中寫到。

凡事全力以赴，讓人讚賞

許水德的上進心還不只如此，他一接任高雄市政府主任祕書，為了讓自己盡早對主任祕書的職務進入狀況，利用餘暇博覽普通行政的書籍，甚至考取公務人員教育行政十一職等。

通過十一職等考試後，許水德為了更進一步充實一般行政的知識，於是給自己設了一個念書的目標——參加公務員留學考試，報考普通行政。他希望藉著這個目標，激勵自己念書。結果又讓他考取了！

當謝主席召見許水德時，他原先猜測，頂多是派任他擔任省教育廳副廳長的職位，沒想到是跳了三級的省社會處處長。

「雖然連跳三級，但是我並不惶恐，因為這份工作和教育也有關。」

事實證明，謝主席的大膽啟用，是正確的抉擇。

謝主席在《水車哲學》一書寫：「許先生接任社會處處長，在省政府是開先例，因為以前都是由現任縣市長擔任，而許先生是由市政府主任祕書擢升；而且，我和他之前僅有一面之緣。但是後來我發現，這個決定是對的，因為許先生無論做任何事情都全力以赴，格外勤奮負責，因此我的社會建設政策，得以在他手上順利實行。」

不僅謝東閔主席對拔擢許水德滿意，蔣經國院長也對謝主席用人的眼光，感到讚賞。

「當蔣院長在中興新村省訓團貴賓室召見我時，謝主席陪同我一起去。」

蔣院長對他說，你之前無論是教育科科長，或是主任祕書的工作，都做得很好，我相信你擔任社會處處長一定也能夠勝任。尤其你是貧苦環境出生的，當了社會處長以後，要特別協助貧窮及弱勢的人。

與蔣院長晤談了二十多分鐘後，蔣院長轉向謝東閔主席稱許：「你推薦得很好！」

用心良苦全為辦教育

知人善任的謝東閔，出生於小康之家。在中學時代，他因為對日本人統治殖民地的作法不滿，萌生到祖國求學的念頭。

於是中學尚未畢業，謝東閔即自臺灣抵達日本，然後在長崎搭船前往上海。

謝東閔在廣州中山大學政治系畢業後，留在學校擔任日文助教，並寫稿賺取稿費。

「謝東閔先生不但有文采，而且思想新潮、幽默。他在大陸時，看到一篇英文短文〈接吻的藝術〉，覺得很有趣，於是把它翻譯成中文。」許水德笑著說。

新潮、幽默的謝東閔先生，卻也是位安分守己、值得信賴的公職人員。抗日戰爭結束後，謝東閔隨著中華民國政府回到臺灣。爾後歷任諸多政府要職，如高雄縣首任縣長、教育廳副廳長、省立師範學院院長、臺灣省議會副議長、議長……

謝東閔被任命為省主席那一年的雙十節，收到王幸男寄的炸彈郵包，在拆封時炸彈爆炸，導致左手受創，手術切除左手後裝上義肢。

由於謝東閔主席的放心與放手，許水德在社會處長任內完成諸多創舉。如：「推動社區發展及小康計劃」、「實施老人乘車半價及創辦老人活動中心」、「推廣殘障福利」、「建立社會工作員制度」、「促成制定社會救助法」、「殘障福利法」與「老人福利法」、「眷村改建計劃」、「輔育院附設補校及救災工作」等。

擔任過教育廳副廳長及師範大學校長的謝東閔先生，對許水德說過：「教育是永久的。」可見他對教育的重視。

他曾經建議政府，成立三所專科學校——體育專科學校、藝術專科學校及家事專科學校。因此促成了今日的國立臺灣體育運動大學、國立臺灣藝術大學的成立。

唯獨家事專科學校的建議，未被採納與執行。謝東閔於是決定親自擘劃、建立一所家事專科學校。此即中華民國第一所家政學校——私立實踐家政專科學校（今實踐大學）。

謝主席還在二水故居成立「媽媽教室」，指導媽媽們如何發揮「母愛」及「母教」，建立美滿的家庭。

謝主席對於以學校為主，推展精神倫理及社會教育的活動，非常投入與支持。

「記得那時，謝主席因白內障開刀住院，我去醫院探視，他的眼睛蒙著紗布，緊握著我的手，詢問我媽媽讀本的進展，我告訴他已經編好，即將開始調訓校長。謝主席很高興，說他也要去上課。」

言出必行的謝主席，為了趕得及上課，提前取下紗布。下課後回到主席宿舍，他忘了眼睛尚未復原，下意識用手去揉，結果眼睛立刻出血，好在隨從人員即刻以直升機，緊急將他送到臺北就醫。

調訓最後一梯次校長時，謝主席又來致辭，他的眼睛已經復原，但演說結束後與校長握手時，不小心摔跤，又把眼睛撞傷，於是再次住院治療。

這些事讓許水德深感，謝主席為了教育，真的是用心良苦！

不僅是長官，更像讓人敬愛的長輩

此外，為了因應高齡社會的來臨，社會處開始重視老人福利。除了利用廟宇或綠樹成蔭的廣場，設立老人俱樂部，並選購電視與茶葉，供老人們聚會時泡茶聊天。

社會處還實施老人乘車半價，以鼓勵老年人能常常出門走動。

對於殘障人士，許水德積極辦理殘障者職業訓練及就業輔導。

手被炸斷的謝主席，基於同理心，特別囑咐許水德，要多照顧貧困的殘障人士。因此，社會處為窮困的殘障人士，提供免費義肢安裝，或者依成本收費。

在整頓有如亂葬崗的公墓時，碰到相當大的阻力。因為，國人一向奉行入土為安，要他們改以火葬，將骨灰存放在納骨塔中，是非常不容易的。

謝主席於是以身作則，率先在彰化老家，將祖墳遷入納骨塔中。

當時有人嗆他：「你就是因為把祖墳遷入納骨塔，手才會被炸斷！」

謝東閔主席不以為然反駁：「如果不是把祖墳遷入納骨塔，我恐怕整個人都被炸死了！」

謝東閔主席全力支持社會處的活動，不僅每年都將第二預備金所剩餘的款項，全數撥給社會處使用，而且授權許水德逕行處理任何突發的重大事件。

他告訴許水德：「做救災工作很急迫，不需要請示我，你去就代表我去。」

「在謝主席帶領下的省政府各級官員，是團隊精神發揮最好的工作團隊。

大家分層負責、分工合作；而謝主席就像是一個大家長般，常常親切地與部屬閒話家常，並參與休閒活動。」

謝主席出巡時喜歡帶著許水德同行，許水德對於謝主席的問題有問必答，且答覆都能讓謝主席滿意，因此兩人非常談得來。「甚至可以無拘無束地談天說地！」

謝主席搭直升機回臺北時，會以「我一個人搭直升機太浪費」為由，邀許水德和他一起搭。有時去臺中省親，也約他同行。

「而且，非常守時的謝主席，一定會比約定的時間早到。」早到以後，他們就坐在咖啡廳喝咖啡聊天，並且看看來來往往的人群，作風非常親民。

經常和謝主席私下相處後，他更加體會到謝主席的平易近人，誠懇實在。「對我來說，謝主席不僅是長官，更像是一位讓人敬愛的長輩。」

謝主席在九十歲左右的餐敘時，講了一番頗富哲理的話。「他說：『有些事不用太在意，也不用太激烈反應，看開一點。政治是實實虛虛，虛虛實實。』」這番話讓許水德至今玩味不已。

「謝求公的胸襟、氣度，都比一般人寬宏，他不計較小節，見過大陣仗。到現在，他仍然令我追念不已。」

既是長官，也是不離不棄的好友李煥

在許水德將近四十年的仕途中，提拔過他的師長、長官不少。其中，李煥可以說是一有機會就不忘提拔他的長官。

李煥在許水德的《六十自述》中寫道，兩人相交近三十年，感情彌篤。初次相遇，誠懇篤實的許水德就讓他覺得十分投緣。

那是民國五十二年六月，在中國青年反共救國團擔任副主任的李煥，因業務關係，常與各縣市有所聯繫，那次到高雄訪問時，初次遇見高雄團委會的文教組組長許水德。

許水德那時甫自政大獲得教育碩士，在鳳山陸軍官校任教，並義務為救國團服務，擔任文教組組長職務。

兩人見面以後，因為都對教育工作有興趣，所以分外投緣。許水德坦率誠懇的態度和廣博的知識，尤其讓李煥欣賞與欽佩。

當吳兆棠安排許水德到高雄市教育局兼任主任督學時，李煥卻不以為然，認為大材小用了，應該派他擔任教育科長才是。

雖然許水德聽從師長的安排，就任高雄市教育局兼任主任督學，但是就任一個月後，即考上公費留學。因此，他辭職前往日本東京教育大學（今筑波大學）教育研究所，進修博士學位。

研讀一年後，許水德為了參與九年國民義務教育籌備工作，放棄留學，返國擔任屏東縣教育科長，此後與關心教育問題的李煥多有接觸。

接觸全盤地方政務的重要一步

李煥基於蔣經國總統「提拔本省籍人才」的指示，始終很注意許水德的表現。

當許水德擔任高雄市政府教育局局長時，李煥再度想提拔他。「我在出發前往倫敦參加『世界教師會議』前，向中央黨部組工會主任李煥先生報告此事。李主任希望我取消出國行程，為登記高雄市長候選人作準備。」

但當時許水德的參選意願並不高，因為他對目前所從事的教育工作甚為滿意，且對於登記參選高雄市長沒有多大把握。

李煥卻勸他不必顧慮太多，直接把相關資料寄到中央黨部即可。

或許是因為他的財力不足及缺乏地方基礎，高雄市黨部轉而極力推薦王玉雲，並提名他為市長候選人。之後王玉雲順利當選高雄市長。

王玉雲就任高雄市長後，高雄市政府主任祕書一職出缺。當時有許多人爭取，李煥卻力排眾議表示，身為高雄人，祖先又住過澎湖的許水德，地緣關係甚佳，加上他擁有碩士學歷及教育工作方面的經驗，可與王玉雲市長互補推動市政工作。

許水德對於李煥的推薦再次推辭，他對李煥說：「我對教育工作既有興趣，也有把握；但是對主任祕書的工作沒有什麼把握，我擔心會做不好。」李煥卻鼓勵他：「只要你願意做，一定可以做得很好。」盛情難卻下，他只好接下比教育局長高一級的主任祕書職位。

由於李煥鍥而不捨的推薦，許水德從教育局長升任主任祕書。

「這是我人生重要的一步。主任祕書的工作，讓我接觸到全盤的地方政務，奠定了日後步上政壇的基礎。」許水德說。

縱然千山獨行，也要勇敢承擔

一有機會就提攜許水德的李煥，也會替他踩剎車。

當蔣經國總統，為了緩和當時高雄市市長與議長不合的僵局，擬請個性圓融、處世練達的許水德，由中央黨部社工會主任一職，轉任高雄市政府祕書長。

蔣經國總統的想法，完全是依據情勢所需，未考慮到這樣的派任，等於是將許水德連降三級。

因此，愛護許水德心切的李煥，私下勸他別接這個職務。

他說：「中央黨部的主任，依例都是調部長。社工會主任不像組工會主任有選舉風險，你接下來就是升任部長。何況，你當初調升社工會主任，是蔣主席親自下條提示，沒有人為你推薦。你到地方去服務以後，恐怕就難有機會重回中央了。」

李煥雖言者諄諄，但是許水德已經答應蔣經國總統了，只好千山我獨行，不再躑躅。

兩年後，蔣經國總統又親自下條，派許水德出任高雄市長。李煥說：「許水德市長政通人和，成績斐然。足見經國先生對水德兄的知人善任。」

甚受蔣經國總統倚重的李煥先生，卻在中壢事件後被貶抑，赴高雄籌辦中山大學。

一九七七年發生的中壢事件，事涉違紀參選當選桃園縣長的許信良。許信良在黨部任職時期，李煥即是他的直屬長官，因為這個原由，時任國民黨組織工作會主任的李煥，被迫下台。

「我想，多少也是因為鋒芒畢露、樹大招風，許多人都想把他拉下來吧！」

李煥最得勢時，身兼組工會主任、救國團主任、革命實踐研究院主任三大要職。「那可都是權力中心！」

李煥被調派至高雄籌辦中山大學，並出任國立中山大學在臺復校後的首任校長。雖然遠離權力中心，但其實和他的教育背景也頗契合。

患難不離，知心好友難得！

李煥畢業於上海復旦大學法律系，並於美國哥倫比亞大學教育學院取得教育學碩士學位，然後在國立政治大學擔任教授。

之後，李煥歷任國民黨青年部副處長、救國團主任祕書、副主任、主任；青輔會委員、主任委員。

省主席謝東閔被炸斷手臂那年，李煥也同時被王幸男的炸彈郵包炸傷手指。

李煥被派到高雄籌辦中山大學時，許水德正好在高雄市擔任市長，他抱著一顆回饋的心，常常就近予以協助，舉凡中山大學的講座經費及建校經費，都由中山大學和高雄市政府共同分攤。

遇有外賓參訪高雄市政府，許水德也都會延請李煥校長坐在主位。

李煥辦校非常認真，有一次，他穿布鞋勘察校園工地時不慎跌倒，整張臉都腫了起來。許水德去探望他時，他正躺在港務局招待所的房間裡。

當窗邊的陽光照射在他孤零零的身影時，他落寞地說：「政治實在很現實，我已經被打下來了，他們卻還要在我身上踩一腳！」

形同被貶官流放的李煥，以為自己的仕途就此終結。卻有一位命相師斷言：「李煥會東山再起！」

「那位來自香港、會看相的葉先生，是我在陳履安家的聚會中認識的。」當許水德把葉先生所說：「李煥會東山再起！」這句話告訴李煥時，他無法置信地搖著頭說：「不可能啦，我現在已經遠離權力中心了。」

果不其然，俞國華組閣時，延攬李煥擔任教育部部長，之後又出任國民黨祕書長。並且在蔣經國總統過世，李登輝副總統接任總統時，擔任過一年的行政院院長。

李煥曾說：「我出任行政院長時，水德兄繼續留任內政部長，在我任內，得到他諸多協助，至今仍感念於心。」

李煥既是許水德的長官，也是患難相交、不離不棄的知心好友。

有著開闊胸襟的正人君子陳履安

許水德所有感恩的師長、長官中，只有一位長官並不比他年長，那就是陳履安。

許水德比陳履安年長六歲。兩人的情誼比起長官與下屬，其實更似多年好友。

他們兩人的好交情，是在國建班時建立的。

「我們是國建班第二期的同學，陳履安被推派為學員長，而我是副學員長。」

當年，李煥為了執行蔣經國總統本土化的理念，成立國建班。國建班有一半以上的學員都是本省籍人士，可以說是為了培植本土人才而設的。

早年有「臺灣政壇四公子」（國民黨四公子為連戰、錢復、陳履安與沈君山）之稱的陳履安，是國建班少數的外省籍學員之一，卻和在臺灣出生成長、家境清貧的許水德形同莫逆。

由於私交甚佳，許水德常成為陳履安家中宴客的座上賓，也就是因為如

六十五年參加國建班第二期受訓時，與蔣經國主席合影

此，許水德才會在宴會中結識、斷言被調離權力中心的李煥會東山再起的葉先生。

擅長看相的香港人葉先生，得知聚會裡非富即貴的賓客中，竟有一位出身貧困的許水德，對他大感好奇。進一步認識他以後，兩人遂結為好友。

說起陳履安，許水德忍不住以「一個很重視朋友的正人君子」讚之。而且，在陳履安謙謙君子的行事作風下，還有著開明、開放的胸襟。

懷抱柔軟心的君子長官

當年，陳履安擔任國民黨副祕書長，許水德擔任高雄市政府祕書長時，陳履安邀集許水德及鍾榮吉立委，一起到美國與黨外人士溝通。

他們此行主要的目的是，為那些曾參加「臺灣同鄉會」，以至於長年被禁足返臺的黨外人士，爭取回國的機會。

返國後，陳履安即提出，開放讓黨外人士返國的主張。並經過幾番折衝、奔走，由鍾榮吉立委在立法院提問，是否讓曾參加「臺灣同鄉會」的黨外人士返臺？後經行政院長孫運璿同意，才首度開放返臺。

能夠為黨外人士設身處地著想的陳履安，對朋友更是有顆柔軟心。

許水德當初在蔣經國總統，以情勢所需，將他從社工會主任，降調高雄市祕書長時，雖然許多長官為他抱屈，但他仍然毫無怨言就任。

但是，後來中常會突然宣布讓楊金欉擔任高雄市長，就對許水德造成不小的打擊。他把自己關在家裡兩、三天生悶氣。陳履安得知後，邀鄭心雄等人，到許水德家中探望他、安慰他。

陳履安曾公開說：「政治界像許水德這麼老實的人實在很少！」

許水德能夠獲得艾森豪獎金赴美考察兩個月，也是因為好友陳履安的推薦。那兩個月內，許水德竭盡所能地吸收、學習。經歷了一趟人生難得的「學習之旅」。

民國八十二年，李登輝總統將許水德自駐日代表調回來時，陳履安也由國防部長被調任監察院長。陳履安以許水德忠黨、忠誠、不攬權為由，推薦他接任國防部長的位子。

「但是我的意願不高，因為對那個職務沒有甚麼把握，而李總統也不同意，所以調我為國民黨祕書長。」

政壇罕見！兼具數理佛學背景的政治家

許水德擔任國民黨祕書長時，經歷了臺灣首度開放總統直接民選。當時共有四組人選，分別是：民進黨的彭明敏搭配謝長廷，國民黨除了李登輝搭配連戰；還有林洋港與郝柏村搭配參選，以及陳履安與王清峰搭配參選。

這下勸退的問題考倒許水德了，職責所在，他只好甘冒不韙對長官林洋港表示，違紀參選將開除黨籍。林洋港爽快地回答：「那是當然的。你是黨的祕書長，應當要如此做。」

對於二十多年的老友陳履安，他也只有萬般為難地對他述說自己的職責。陳履安很能體諒他的處境，隔兩天就主動離開國民黨，以免讓他為難。

曾經擔任國防部長的陳履安，其實是文人背景。他先後獲得美國麻省理工學院電機工程學系學士、美國紐約大學數學碩士，以及數學系博士學位。取得博士學位後，陳履安擔任紐約市立大學教授數年。返臺後擔任明志工專校長、辭修高中第一任校長兼創辦人、臺北語文學院常務董事、國立臺灣工業技術學院第一任校長。

陳履安從政後，歷任教育部技術及職業教育司司長、教育部次長、國科會主委、經濟部長、國防部長、監察院院長。

一九九六年，陳履安脫離國民黨與王清峰搭檔參選總統選舉。總統大選結束後，陳履安退出政壇。

早年即篤信佛教的陳履安，晚年更是潛心修佛。而且，陳履安的夫人也和學佛的許水德夫人十分友好，兩對夫妻至今仍經常保持連絡。

「犧牲享受，享受犧牲」的蔣經國總統

蔣經國總統第一次見到許水德，並對他留下深刻印象，應該是在許水德簡報中洲渡輪沉船事件時。

民國六十二年，高雄市發生嚴重的中洲渡輪沉船事件。當時，蔣經國總統剛好在屏東縣巡視，一聽到這個消息，立刻趕到高雄市了解情況。

擔任高雄市主祕的許水德，迅速且妥善處理沉船事件後，立即為蔣經國總統做詳盡的簡報。「也許是我的處理方式和簡報，受到他肯定，因此對我留下印象。」

在此之前，蔣經國擔任救國團主任，吳兆棠擔任副主任之際，吳兆棠就常常對蔣經國稱讚許水德其人其事。

蔣經國那時一心想提拔本省人才，聽到吳兆棠的稱讚，自然會對許水德留下好印象，只是還沒有機會見到本人。

表現傑出，深獲蔣經國總統肯定

第二次見面，是在省政府主席謝東閔先生的引薦下。

那時，省主席謝東閔提拔他出任省政府社會處處長，由於是從高雄市政府主任祕書跳了三級，因此在程序上必須請示蔣經國總統。

當謝東閔主席帶他一起會見蔣經國總統，由於蔣經國總統之前即已對許水德留下好印象，此次晤談了二十多分鐘後，蔣經國總統對許水德更加滿意，還當面稱讚謝東閔主席：「你推薦得很好！」

之後，許水德與蔣經國總統的互動益發密切。

擔任社會處處長時，許水德因為表現傑出，被蔣經國總統指定為「社會革新小組」的召集人之一。

爾後，蔣經國總統在發布中央及省黨部首長名單時，將許水德名列中央社工會主任的職務項下，等於再度跳升三級。

後來許水德擔任高雄市長、臺北市長，也都是蔣經國總統親自下條指派的。

「我不會拜託人，也沒有任何背景、人際關係，不可能有人推薦。」由於蔣經國總統的知人善任，才造就許水德順遂的仕途。

不過，在擔任社工會主任不久，許水德也曾遭遇到外人眼中的降調。也就是從社工會主任，降調高雄市政府祕書長。

民國六十八年七月一日，高雄市改制為直轄市。當時，因為高雄地區複雜，再加上王玉雲市長與吳鐘靈議長不和，祕書長人選很難決定。

有一天，蔣經國總統約見他說：「我本來請你到中央一起做事，但是高雄市的政情很複雜，大家都說你到高雄最適合，你還是去吧！」

他雖然想說：「報告總統，高雄並不複雜。」但還是只說出了：「是！總統。」就這樣接受了這份工作。

接受這份工作，他的心中不無委屈，因為依照慣例，中央黨部主任接下來都是調任部長，但他卻被調高雄市祕書長，等於連降三級。

不過，高雄是他的故鄉，能夠回到高雄為家鄉服務也不錯。想開了以後，他就安下心回鄉服務。

適才適所的人事考量

王玉雲從高雄市長退下來以後，繼任的高雄市長是楊金欉。九個月之後，楊金欉被調任臺北市長，許水德被派任高雄市長。

據許水德事後推測，高層之所以先派楊金欉擔任高雄市長一段時間，也許是為了顧慮到王玉雲市長的心情。

因為他降調當高雄市祕書長時，外傳是要接王玉雲市長的職位，如果王玉雲市長一卸任，他馬上接任，擺明了真的是來等著接王市長位子的，如此一來，恐怕會影響到王市長的心裡感受，因此先安排一段緩衝期吧！

經歷過從社工會主任降調高雄市祕書長，然後又升任高雄市長來看，許水德明白，蔣經國總統用人並未考慮到升或降的問題。

「他只在意，什麼工作適合什麼人做，也就是適才適所；而且他極力想起用本省籍人才。」

當許水德向蔣經國總統呈上高雄市局處首長名單時，蔣經國總統對他說：「本省籍官員太少了！是否把社會局長人選，換成本省籍人士擔任？」

「可見蔣經國總統那時，已開始重視本土化了。」

許水德接任臺北市長，也是非常突然的事。那是他剛自瑞典訪問回國第二天，行政院長俞國華在中常會前告知他，政府要他接任臺北市長。

中常會後蔣經國總統召見他，並期勉他：「以主動、積極、創新的精神，以及『新、速、實、簡』的工作觀念，加速推動市政建設。」

在北高兩市市長任內，非常關心市政的蔣經國總統常常召見他。

「每次蔣經國總統約見我，都會很客氣地說：『擔任市長有沒有什麼困難的地方？不要客氣，我可以幫忙！』或是說：『你放心去做，不要怕！』」許水德從這些話感受到，經國總統願意替部屬承擔責任，願意當部屬後盾的心意。

「我從未真的向總統求援過，只要有他的鼓勵和打氣就夠了。」

擔任高雄市長時，由於高雄市深受缺水之苦，有次在國民黨中常會上，蔣經國總統非常關心地詢問他有何對策？他提出「隔日供水」及「泳池限制供水」的對策。總統點點頭，但仍掩不住憂心的神情。

隔幾天，當許水德在高雄市議會備詢時，窗外突然下起了大雨，他立即打電話向總統報告：「高雄已經下雨了，請總統放心。」

擔任臺北市長任內，每次颱風過後，蔣經國總統都會打電話來關切：「電恢復了沒有？」總統的細膩與內行，讓他打從心底佩服。

當他為穿著厚重大衣在冬天執勤的交通警察，換上輕便保暖的皮夾克時，蔣經國總統也注意到了，還稱讚他做得很好，讓交通警察指揮交通時動作更靈

六十二年四月任高雄市府主任祕書時，陪同
行政院蔣經國院長，巡視高雄市地方建設

活，看起來也更加精神抖擻。

萊恩颱風來襲那一次，許水德坐鎮指揮中心兩天，「我雖然不眠不休指揮救災，市議會仍然嚴厲的批評。但是蔣經國總統卻召見我，對我說：『你很辛苦，晚上都沒有睡覺！』總統的愛護之情溢於言表，讓我覺得很溫馨。」

中興橋斷裂時，許水德當機立斷，讓備用的忠孝橋免收過橋費。此舉受到蔣經國總統讚賞，時任國民黨副祕書長的宋楚瑜打趣說：「人家是因為斷橋而被罵，你卻因為斷橋受到讚賞！」

尊重並關懷基層部屬

蔣經國總統不僅關心市政，也常常關懷他的健康及家庭。

「有一年過年前，蔣經國總統突然在總統府召見我，我一進門他就說：『許市長，我向你拜早年！』」這突如其來的拜年，讓他既驚喜又覺得不敢當。

蔣經國總統雖然鼓勵部屬多運動以保持健康，但是對於政府高官從事最多的運動——打高爾夫球，卻敬謝不敏。倒不是他不喜歡打高爾夫球，而是這項運動受到質疑與批評。

「他想，如果他也熱愛打高爾夫球，那麼，就會有許多人陪著他打，無形中等於助長了打高爾夫球的風氣。所以，他認為自己應該當榜樣不要打。」

不僅他自己不打，第一夫人也在他這樣的理念下，放棄喜愛的高爾夫球運動。

蔣經國總統和蔣夫人雖然不打，但是他並不反對部屬打高爾夫球，甚至曾經對許水德說：「為了健康，你還是抽空去打打高爾夫球吧！」

有一次還為了要成全部屬的高爾夫球之約，取消和部屬的會談。

「那時，我常和司法院副院長汪道淵打球。有一次總統找汪道淵談話，汪道淵向總統報告說，下午要和許市長打球，總統一聽，連忙說：『好，你去！你去！』」

蔣經國總統不僅愛護部屬，也很尊重部屬。「有一次，他準備調任臺北市府祕書長馬鎮方擔任部會政次，在調任前，還特別詢問我的意見。」

在此之前，蔣經國總統徵詢部屬意見，重視基層看法的作風，就已讓許水德印象深刻。

有一次，蔣經國總統到國建班與學員餐敘，席中他突然問起大學生助學貸款的事。當時針對此事有兩種看法：一種認為，大學生助學貸款的百分比應有所限制；另一種則認為不應有百分比的限制。

我回答：「大學生助學貸款，不應該有限制，每個學校的貸款者情況各異，不必限制名額，只要由各校自行承擔責任即可。」

第二天，行政院院會即通過，大學生助學貸款不必予以限制。

「由此可見，蔣經國能夠傾聽基層的意見。而且，由於他非常重視基層，所以與各地縣市長全省走透透，以了解民間疾苦。」

生活要平淡，做人要平凡，做事要平實

蔣經國總統還是第一個推行本土化的人。他先透過教育界的吳兆棠，培訓本土子弟。

「吳兆棠老師很早就告訴我，未來的省立高中校長及教育局長，都將由本省籍人士擔任。」

而執行蔣經國總統本土化理念的人是李煥。李煥成立國建班，以培訓未來內閣閣員。

「國建班有一半以上的學員是本省籍人士。可以說，國建班是為了培植本土人才而設的。」

依許水德的看法，蔣經國總統之所以積極提拔本省籍人才，是因為：「在日治時代，受到良好教育的臺灣人非常少。但自從光復後實施教育機會均等，受過良好教育的本省人愈來愈多。尤其像我、林洋港、邱創煥、吳伯雄、高育仁、趙守博，或是較年輕一代的陳水扁。所以蔣經國總統計劃，將來大多數的事要交給本省人做。」

和蔣經國總統互動零距離的許水德，將經國總統視為父執輩般的長官。近距離相處久了，許水德充分感受到，經國總統確實是個表裡如一的人。「他常常告訴我們：『生活要平淡，做人要平凡，做事要平實。』他本身就是這句話最徹底的體現者！」

蔣經國總統雖然貴為一國之尊，卻自奉簡樸到連平民百姓都不如。許水德擔任臺北市長時，曾多次陪同蔣經國總統投票。「每次陪他去投票，他總是穿同一件夾克。」

蔣經國總統過世後，許水德到他長住的七海官邸，裡面僅有簡陋的行軍床、書桌、椅子……

儘管生活貧乏，但是全心全意為人民、為國政奔忙的蔣經國總統，內心也許不曾匱乏過。

「蔣經國總統在擔任救國團主任時，常常勉勵青年要『樂觀進取』；勉勵公務員要『犧牲享受，享受犧牲』。」

看來，他本身即已充分享受到犧牲之後的成果。

「蔣經國總統雖然犧牲了物質生活、家庭生活的享受，但卻受到人民尊敬。這就是一種精神上的享受，享受自己所作的犧牲。」這是許水德從蔣經國總統身上的體認。

令人永懷，愛臺灣的典範！

有一段時間，社會上充斥著「愛臺灣」的言論。在許水德看來，那不過是一句口號。

「真正愛臺灣的，就是像蔣經國總統這樣的人！他一生為國、為公、為民，生活儉樸得毫無任何物質上的享受可言。」

蔣經國總統晚年，到了病入膏肓之際，還是撐起來參加中常會。「好幾次，我看他低著頭坐在輪椅上，還以為他因為身體虛弱，精神差，所以睡著了。」

李煥卻告訴他：「他是因為痛得受不了，頭垂得低低的，咬牙硬撐！」

許水德這才注意到蔣經國總統雙手握緊，無聲地和劇痛對抗著……

原來，蔣經國總統是為了穩住大家的心才勉力出席。「像他這樣一位到死還在為公、為民設想的人，才是愛臺灣的典範。」

蔣經國總統對許水德的影響與啟發，是一生一世的。舉凡「新、速、實、簡」的做事態度；「犧牲享受，享受犧牲」的公職信念，以及「生活要平淡，做人要平凡，做事要平實。」的處世態度；還有，蔣經國總統的領導能力，以及與部屬合作無間、關心部屬的風範，都深深地影響著他，讓他一生受用無窮。

民國七十七年一月十三日，蔣經國總統病逝那天，蔣孝武原本要請許水德餐敘，卻臨時取消。許水德當時就惴惴不安地想，一定發生了甚麼事。不久就傳來，蔣經國總統過世的消息。

許水德與幾位中常委，匆匆趕到總統官邸。看到貴為一位總統的蔣經國先生，躺在一張單人行軍床上……

蔣經國總統過世時，許水德深深體驗到政壇冷暖。「先總統蔣公過世時，蔣經國大權在握，

在蔣公陵寢，蒙蔣院長經國接見，垂詢高雄市政建設
（左一為陳田錨議長）

所以官員們都對蔣公的葬禮表現得很熱心；但是蔣經國總統過世時，許多人的表現就沒有那麼積極了。」

為了報答蔣經國總統生前對他的厚愛，當時擔任臺北市長的許水德，鼎力協助處理蔣經國總統的葬禮。

撫今追昔，許水德既崇敬又感慨地說：

「他真是一位令人永遠懷念，了不起的人物！」

我相信，李登輝總統確實是一心一意為臺灣好！

許水德在蔣經國總統任內，擔任公職約二十年；在李登輝總統任內，擔任公職近十年。

兩位總統在中華民國的歷史上，具有劃時代的意義；而在許水德心目中，也有非凡的意義。

近距離與兩位總統頻繁接觸後，許水德對於兩人的個性、行事作風，有著鮮明的差異化體驗。

「蔣經國先生善於聆聽，與他交談，他多半以聆聽居多；而李登輝先生則是，『你聽他講的多』」。

但無論是面對善於聆聽的蔣經國，或是善於表達的李登輝，該講的話，許水德都毫不退怯，直言無諱。

「雖然能夠對蔣經國總統暢所欲言，但畢竟還是長官下屬、長輩晚輩的上下關係，必須等蔣經國總統召見才能和他暢談；但是，和李登輝總統，則在長官下屬的關係外，還有朋友的情誼。隨時都可以與他見面、談話。」

這主要是因為，許水德與李登輝總統僅差七、八歲，經歷過相近的時代背景；教育背景、哲學素養也相近。兩人並先後擔任過臺北市長。

所以李登輝總統曾對他說：「我們兩人說得通，我們的理念相通。」

許水德擔任國民黨祕書長時，李登輝總統提出「心靈改革」，出身教育界的他全力支持及推動。

「我說：『心靈改革就是社區主義的範疇。』」李總統馬上點頭稱是：「我一說你就能了解！」

李登輝總統後來又提出「生命共同體」理念，許水德理解，這個理念和盧梭所提的「全民意志」（general will）相通，因此很能夠心領神會。

權衡輕重與充分授權

蔣經國總統和李登輝總統的另一個差異是：許水德從未見過蔣經國總統發脾氣，卻常常見識到李登輝總統的喜怒形於色。

「有人說李總統個性固執，其實不盡然。只要你說的有道理，而且沒有私心，他還是會接受你的意見。」

比方，他說服李登輝總統，讓馬英九參選臺北市長的例子。那時，許水德和楊亭雲、章孝嚴為了提名馬英九參選臺北市長，特別向李登輝總統分析馬英九的勝算，並勸李總統要多多忍耐，李總統一聽到要他忍耐，忍不住拍桌子大怒：「我沒有忍耐嗎？」

許水德平心靜氣說：「您當然有忍耐，但請您再多忍耐一些吧！」並再三向他解釋，此事的必然性與必要性。末了，他終於坦然接受。

「大家都認為李總統強勢，但我並不這麼認為，他還是會權衡輕重並讓步的。」

許水德甚至認為，李總統充分授權的作風不亞於他的其他長官。這一點從他擔任國民黨祕書長時，更能夠看出來。

「黨祕書長的權限非常大，但是他都能夠完全授權讓我去做。」

恭謹好學、別具特色的政治人物

此外，在推動本土化這一點上，蔣經國總統與李登輝總統，既相同又不同。

蔣經國總統是默默地做，藉著國建班，培植本土人才，如林洋港、邱創煥、吳伯雄和許水德等人；而李登輝總統則是大張旗鼓地做。

他提出「新臺灣人」的說法：凡是認同臺灣土地的人，不論來自何方，早來晚來，都是臺灣人。並以「宋楚瑜是吃臺灣米長大的新臺灣人」為訴求，成功地將宋楚瑜推上臺灣省省長寶座。

許水德並非在李登輝擔任總統才有接觸。早在李登輝擔任政務委員時，就曾與當時擔任省社會處處長的許水德有所接觸。

「社會處下有三個職訓中心。負責調查職訓計劃的李登輝先生，常常來社會處考察。我做簡報時，他非常認真做筆記，我們因此而相識，也很談得來。」

之後，許水德出任臺北市長，擔任副總統的李登輝先生，與他的接觸更頻繁。

「當過臺北市長的李登輝先生，依舊非常關心市政，經常給我指導。」

當許水德為了提升臺北市為國際化都市，而舉辦國際獅子會年會時，李副總統曾出面協調，為他爭取經費。「可以說，他在市政上給我很大的幫助！」

而且，由於李副總統推薦了很好的諮詢專家給許水德市長，讓他在處理大大小小的街頭運動時，沒有發生過任何流血事件。

民國七十六年七月十六日，中華民國宣布解除戒嚴，恢復人民集會遊行的權利。

自那時候開始，遊行示威頻起，幾乎三日一次小遊行，五日一次大遊行，而且都集中在臺北市。

擔任臺北市長的他，經常站在第一線處理群眾事件。為了審慎處理，他有一次訪日時，時任副總統的李登輝，建議他去請教日本總理府安全室主任佐佐淳行。

佐佐淳行告訴他三項處理原則：

一、不能發生死亡事件，而且現場要不斷喚醒群眾的理性。

二、軍人不能出面，交由警察處理。

「因為警察受的訓練是保護人民；而軍人遇到敵人就要殺。在失去理智的群眾事件中，萬一把群眾當敵人，豈不是要出人命。」

三、要培養警察的榮譽感與耐力。

「處理群眾事件當天，要讓警察吃得飽、吃得好，情緒才會平穩。」

本著這三項原則，他在擔任臺北市長及內政部長六年期間，面對大大小小諸多的群眾事件，都能處理得宜，沒有釀成流血事件。

「如今，集會遊行已步入和平理性的成熟階段。回想起來，對於那時為『寧靜革命』所做的努力，感到十分安慰。」

在許水德眼中，李前總統不單是個能夠充分授權、公私分明的長官，也是位知進退、守分寸的副手。

「李總統擔任副總統時，小心恭謹，不敢有所逾越，大部分時間都待在辦公室看書。直到蔣經國總統有指示，才開始到外面演講，並參加軍事會議。」

而且李前總統非常虛心學習，「他擔任政務委員時，行政院院會召開前，他會先模擬議題。等蔣經國總統下結論後，他再與模擬的議題做比較；而在省主席任內，他和謝東閔一樣，全省走透透，實踐『走動式管理』；擔任副總統時，凡是與蔣經國總統的對談，他也都記下對談重點，以免或忘。」

如此恭謹好學的態度，造就他日後成為一個別具特色的政治人物。

強勢總統的溫暖與細膩

李登輝接任總統職務那年（民國七十七年），將許水德調任內政部部長。許水德當了三年內政部長後，李總統調派他擔任駐日代表。他是我國第一位會說日語的駐日代表。

內政部長調派駐日代表，依公職人員的職等來說，算是降調。

李前總統特別對這一件事做出說明：「我請許院長從內政部長轉任駐日代表，是為了開拓與日本關係，經過深思熟慮後，所做不二人選的決定。

「過去我國奉派駐日本的代表，都不會講日語，與日本各界無法作直接溝通或表達，這樣的語言障礙，直接影響對日工作的展開。

「我深深了解，臺日關係是我國重要的對外工作，然而要提升臺日關係，要先選對代表人選。

「許院長曾留學日本，在國內政壇又深具聲望，是最佳駐日代表人選，我相信許院長對這份工作一定能夠勝任愉快，於是決定請他出任該職，是賦予重任，不是將他降調。

「許院長到日本的任期，雖然只有一年十個月，但是他的對日本工作成果，是前所未有的豐碩，令人欣慰。」

李登輝總統這些懇切的說明，讓人感覺到，強勢的李總統，實則有溫暖細膩的一面。

駐日代表一年十個月之後，許水德被調回來接任國民黨祕書長，並與李登輝總統並肩作戰，打下無數場劃時代的戰役。

相信他是一心一意為臺灣好！

總統直選過後，許水德被任命為考試院院長。在此之前，還發生一段閣揆之爭的小插曲。

李登輝總統基於副總統似不該兼行政院長，因此屬意由許水德擔任行政院長。

「但是，當時新聞媒體的報導，大都表達反對的立場，甚至對我做出人身攻擊，說我其貌不揚云云……」

一向不與人爭的許水德，遂向李登輝總統建議，仍由連戰副總統兼任。李總統說，他已經向媒體宣布，副總統不兼任行政院長了呀！

於是，李總統召集了連戰、宋楚瑜、吳伯雄、許水德等人，共商閣揆人選的問題。

許水德率先表明：「還是請連副總統繼續兼任，不要引起政治風波。」

連戰並未提出意見。

吳伯雄說：「由總統指定就好。」

宋楚瑜則表示：「由對總統最忠誠的人擔任。」

大家莫衷一是的情形下，許水德提議：召集立法委員座談，聽取他們的意見。

他們非常慎重地，與立法委員分三次舉辦座談，詢問他們的意見。三次座談結束後，立委們以贊成連副總統繼續兼任行政院長的居多數。

八十二年三月十二日親奉李主席布達，接任中國國民黨中央委員會祕書長

李總統也只好依照多數立委的意見，由連副總統繼續兼任行政院長。

李登輝總統在位十二年期間褒貶互見，其中最讓人爭議的是，培植當時的反對黨——民進黨坐大，以致國民黨錯失江山。

當國民黨內批評指責的聲浪迭起時，許水德仍然力挺，他認為：「這是民主化的結果，李總統也沒有想到，民進黨竟然竄起得如此快！」

許水德記得，李登輝總統曾說：「我不是支持民進黨，而是認為要有反對黨，這才是民主化。」

和李登輝總統近身相處久了，許水德學習到要多讀書，多作研究，並且充分授權給部屬。

如今，兩人都從公職退休甚久，許水德仍會不避嫌地致電問候李前總統，逢年過節也會親自登門向李前總統拜年。

「我到現在還是很尊敬他，也相信他確實是一心一意為臺灣好！」

後記
對於這一生，我只有感恩！

回顧退休至今，轉眼已過了二十五年。許水德先生目前過的生活，正是劉真先生所倡導的「三自主義」中的最後一個境界——自得其樂。

劉真曾以「三自主義」，勉勵畢業班的同學。所謂「三自主義」，即自食其力、自強不息、自得其樂，也是邁向自立人生的三個步驟。

許水德幼年生活艱困，從高二起即半工半讀，賺取學費及生活費，此即劉真先生的自立第一步：自食其力。

爾後從事公務期間，無日不是全力以赴，這又符合了劉真先生的自立第二步：自強不息。

如今過著順其自然不勉強的退休生活，不啻是劉真先生的自立第三步：自得其樂。

許水德先生自得其樂的生活中，包括與老朋友、老同事球敘、餐敘；也包括公益活動。

老同事、老長官的球隊，主要有：

「致遠隊」：以連戰先生為會長，成員大都是連戰的同事、好友。

「週二隊」：以郝柏村先生為會長，成員大都是部會首長。

「大牛隊」：以錢復先生為會長，成員大都是媒體界與工商界舊雨新知。

「北友隊」：為紀念某位日本華僑而成立，以蔡萬才先生為會長，成員大都是工商界友人。（蔡萬才先生過世後，由許水德先生擔任榮譽會長）

「水車隊」：由許水德本人擔任會長，成員大都是同事、朋友。

以聚餐、敘舊為主的團體則有：

「SB」（即台語「惜某」——疼惜老婆）會：以王玉珍為會長，許水德擔任榮譽會長。

「輕鬆會」：是許水德與高雄鄉親、故友所組成的，會員有陳田錨等人。

此外，還有一個專為考試院舊同事而設的聚會，許水德固定每三個月邀昔日的考試委員夫妻聚餐敘舊。

完成諸多影響深遠的新制度

「考試院是我任期最長，卻感覺最短的職務。」以往一個職務任期三年的許水德，卻在考試院擔任六年院長之職。

為什麼說是感覺最短的職務呢？一方面是因為就任考試院院長時，許水德已六十六歲，在公務上身經百戰、圓融練達。況且，歷練了艱鉅複雜的黨祕書長職務後，再擔任其他職務，自然是駕輕就熟、輕鬆愉快了。

在考試院院長任內，許水德非常有效率地完成了諸多影響深遠的新制度。

首先，許水德院長將局長調升為十、十一職等；主祕調升為十一、十二職等；縣市長調升為十三、十四職等，而且將地方的局處長改為政務官，「如此才能吸引人才下鄉服務。」

在警政系統方面，他除了提升職等，也修改太過複雜的警政系統升遷制度。

由於許院長本身從委任做到特務官，中間經過普考、高考、特考，對考試制度的不便有親身體驗，決定給予考生方便。

因此，他將考區劃分為臺北、臺中、高雄、花蓮四處；警察特考也增加澎湖、金門考區。並將高考分兩梯次進行，初試先淘汰掉一半，再進行複試。

「我還將考試專業化。」比方專業證照考試予以分權化，交給地方政府或專業單位辦理。

他並在八十八年七月，完成專門職業及技術人員轉任公務人員條例之修正法案。「這樣就可以經由技術人員轉任公職的管道，補部分公務人員考試掄才之不足。」

同時，許院長也與院內考試委員，研擬完成聘任人員人事條例草案，「希望能從企業界、科技界、學術界及大陸旅美學者中，延攬人才。」

在退休制度改革方面，將原先凡年滿六十歲，服務年資滿二十五年，即可辦理退休，予以彈性化為服務滿十五年或二十年即可提早退休。「如此可使公務人員早日進入民間機構，加速雙方交流。」

此外，入駐他在任內動土、開工、完工的考試院辦公大樓，也是他在考試院長任內的一大樂事。

「考試院大樓，是五院裡面最早興建完工的。我還為每位考試委員爭取到專屬辦公室，讓他們能夠專心一意從事考務。」

持續貢獻所長，投身公益活動

退休後的許水德，除了每個月或每週參加健身、聯繫感情的團體活動外，也不忘貢獻一己之長，投身公益活動。

例如，在「亞太文經學術基金會」、「中山學術文化基金會」、「中日文化基金會」、「臺灣日本研究學會」擔任無給職董事長或會長。

這些公益團體主要辦理學術文化論壇、演講，以及與大陸、日本進行文化交流等。

其中，「中山學術文化基金會」每年與大陸「宋慶齡基金會」合辦「孫中山與宋慶齡論壇」，分別在大陸及臺灣各舉辦一次。至今已舉辦過七次論壇。

「宋慶齡基金會」前任主席為胡啟立，現任為宋家瑞。

臺灣「中山學術文化基金會」於國父誕生百年成立，至今已五十餘年。第一任董事長王雲五，第二任董事長楊亮功，第三任董事長劉真，許水德先生接任第四任董事長（即現任）。

孫中山先生在大陸被稱為革命的先行者，在臺灣則被尊稱為國父，是兩方都尊敬的革命家。

臺灣奉行三民主義已多所成就，如今大陸也實現孫中山先生的民生主義，經濟發展迅速，現在已躍升世界第二經濟大國。

「我退休後，完全沒有再擔任任何政府或黨部、公營機關的有給職工作。」可以說是，退得乾乾淨淨、徹徹底底。

回首這一生，許水德自承，如果沒有師長、長官、同學、朋友、同事，一路的協助支持與愛護，我絕對孤掌難鳴，成就不了大事。

「對於這一生，我只有感恩！」

三年前，一場險惡的疾病，讓許水德再度與死神拔河。來勢洶洶的腸阻塞，連醫師都驚嘆，再晚五個小時治療就回天乏術了！而就算開刀治療，也僅有百分之二十的治癒率。

漫長、複雜的手術後，許水德在加護病房整整昏迷了三個星期。悠悠醒轉後，轉入普通病房繼續治療月餘，最後終於奇蹟似地康復出院。

「非常感謝振興醫院的醫療團隊為我聯合診斷，更感謝主刀的主治醫師蘇正熙。」

蘇正熙醫師高超的醫療技術，不僅戰勝只有百分之二十成功率的手術；在往後的住院治療期間，蘇醫師不分假日或平日，每天早晚巡房探視他的狀況。

大病初癒期間，日本天皇本擬親授最高榮譽的旭日大綬章，以表彰許水德「強化日臺友好關係，促進相互理解的卓越貢獻。」

但因許水德當時的身體狀況，無法親赴日本皇宮受頒。因此，由日本代表將旭日大綬章，帶至日本交流協會，在日本交流協會頒授。

許水德是日本交流協會自一九七二年成立以來，臺灣第一位獲頒旭日大綬章的人士。

有了這項榮譽的加油打氣，許水德的康復之路愈走愈順遂。

逢此八十八歲米壽之年即將到來之際，喜獲重生的許水德先生，願再次發揮生命的意義，口述此書，分享生命中感恩的人與事，為這個需要撫慰的社會，灌注正能量。

致遠隊主要成員

政府為期建立幸福家庭，省府召訓婦女幹部，曾應邀參與，
講話後合影，中為省訓團教育長梁孝煌先生

People 33

感恩的故事——許水德八十八歲憶往

口　　述／許水德
撰　　文／魏柔宜
照片提供／許水德
特約編輯／連秋香
責任編輯／劉枚瑛

版　　權／黃淑敏、翁靜如、邱珮芸
行銷業務／莊英傑、黃崇華、李麗渟
總 編 輯／何宜珍
總 經 理／彭之琬
事業群總經理／黃淑貞
發 行 人／何飛鵬
法律顧問／元禾法律事務所　王子文律師
出　　版／商周出版
臺北市中山區民生東路二段141號9樓
電話：(02) 2500-7008　傳眞：(02) 2500-7759
E-mail：bwp.service@cite.com.tw
Blog：http://bwp25007008.pixnet.net./blog
發　　行／英屬蓋曼群島商家庭傳媒股份有限公司城邦分公司
臺北市中山區民生東路二段141號2樓
書虫客服專線：(02)2500-7718、(02) 2500-7719
服務時間：週一至週五上午09:30-12:00；下午13:30-17:00
24小時傳眞專線：(02) 2500-1990；(02) 2500-1991
劃撥帳號：19863813　戶名：書虫股份有限公司
讀者服務信箱：service@readingclub.com.tw
城邦讀書花園：www.cite.com.tw
香港發行所／城邦(香港)出版集團有限公司
香港灣仔駱克道193號超商業中心1樓
電話：(852) 25086231傳眞：(852) 25789337
E-mailL：hkcite@biznetvigator.com
馬新發行所／城邦(馬新)出版集團
41, Jalan Radin Anum, Bandar Baru Sri Petaling,
57000 Kuala Lumpur, Malaysia.
電話：(603)90578822　傳眞：(603)90576622
E-mail：cite@cite.com.my

封面設計／Copy
內頁編排／蔡惠如
印　　刷／卡樂彩色製版印刷有限公司
經 銷 商／聯合發行股份有限公司
電話：(02)2668-9005　傳眞：(02)2668-9790

■2019年（民108）10月1日初版
定價380元　Printed in Taiwan

ISBN 978-986-477-717-4

城邦讀書花園
www.cite.com.tw

國家圖書館出版品預行編目（CIP）資料
感恩的故事：許水德八十八歲憶往 / 許水德著；魏柔宜撰文. -- 初版. -- 臺北市：商周出版：家庭傳媒城邦分公司發行, 民108.10
216面；14.8×21公分. -- (People ; 33)
ISBN 978-986-477-717-4 (精裝)
1.許水德 2.臺灣傳記　783.3886　108013309